Manfred Böckl

MEIN MAGISCHES BRITANNIEN

Manfred Böckl

MEIN MAGISCHES BRITANNIEN

Eine Reise zu 30 Orten
von hoher mythologisch-historischer Bedeutung
in Südengland und Wales

Bücher haben feste Preise.
1. Auflage 2020

Manfred Böckl
Mein magisches Britannien

Umschlag:
Hauptmotiv: Cadbury Castle Hill, Joe Dunckley/shutterstock.com
Fotoleiste: Silbury Hill, Ian Harwood; Tintagel, Paolo Trovo; Stonehenge, Filip Fuxa; Dolbadarn Castle, Christopher Elwell; alle shutterstock.com
Klappen: Avebury, ieuan/shutterstock.com
Gestaltung: Dragon Design, GB

Satz und Gestaltung:
Dragon Design, GB
Gesetzt aus der Minion

Gesamtherstellung: Appel & Klinger, Schneckenlohe
Printed in Germany

ISBN 978-3-89060-766-5

Neue Erde GmbH
Cecilienstr. 29 · 66111 Saarbrücken
Deutschland · Planet Erde
www.neue-erde.de

INHALT

TEIL II – WALES

William Stukeley: »Innere Ansicht von Stonehenge«, August 1722

Anglesey
Llyn Cerrig Bach
Din Lligwy
Beaumaris Castle
Bryn Celli Ddu
Caernarfon
Dolbadarn Castle
Chester
Tre'r Ceiri
Dinas Emrys
Wrexham
Carn Fadrun
Ffestiniog
Tomen y Mur
Dinas Bran
Bardsey Island
Twr Branwen
Camlann
Barmouth
Dolgellau
Oswestry
Cambrian Mts
Machynlleth
Welshpool
Bedd Taliesin
Aberystwyth
Cardigan Island
Cardigan
WALES
Builth Wells
Cilmeri
E N G
Bryn Myrddin
Carmarthen
Gloucester
Cheltenham
Swansea
Oxford
Cardiff
Bristol
Chippenham
Bath
Avebury
Silbury Hill
Stanton Drew
East und West Kennet
Wells
Glastonbury
Warminster
Stonehenge
Andover
Taunton
Old Sarum
Cadbury Castle
Bude
Salisbury
Winchester
Knowlton
Tintagel
Dorchester
Badbury Rings
Bodmin
Cornwall
Maiden Castle
Bournemouth
Totnes

A N D
Cambridge
London
Canterbury
Wilmington
Brighton
Hastings
Eastbourne

EINFÜHRUNG

Es begann mit dem Wiedererkennen von Cardigan Island

Im Sommer 1966, ich war damals ein knapp achtzehnjähriger Gymnasiast, landete ich zum ersten Mal in meinem gegenwärtigen Leben an der britannischen Küste. Den weiten Weg von meiner bayerischen Heimat her hatte ich per Anhalter zurückgelegt; nun erkundete ich die Hafenstadt Southampton, trampte anschließend nach London und langte einige Tage später im westlichen Südwales an: in der Jugendherberge von Poppit Sands nahe der Küstenstadt Cardigan.

Als ich in der Herberge eincheckte, war es bereits Nacht; zudem regnete es, und so konnte ich nichts von der Landschaft erkennen. Aber am nächsten Morgen, als ich aus dem Herbergsgebäude ins Freie trat, bot sich mir eine überwältigend schöne Aussicht dar. Von einem mit Wildgras bewachsenen Hang schaute ich auf die weite Mündungsbucht des Flusses Teifi hinaus, und am jenseitigen, nordöstlichen Ende dieser Bucht lag vor einem Kap eine Insel mit sanft ansteigender und ebenso sanft wieder abfallender Silhouette: Cardigan Island.

Wie gebannt blickte ich zu dem Eiland hinüber; während ich das Bild in mich aufnahm, erfüllte mich unsagbare Freude – und zugleich durchfuhr es mich: Ich bin wieder hier! Bin wieder hier! Bin nach so langer Zeit wieder hier!

Ich hatte eine Gegend wiedererkannt, die mir aus einem früheren Leben vertraut war – und wenn ich dies hier sage, so gebe ich keiner Einbildung Ausdruck. Vielmehr lässt es sich beweisen, dass damals Erinnerungen in mir auftauchten, die in eine oder mehrere vergangene Inkarnationen zurückreichten.

In jenem Sommer in Poppit Sands schrieb ich an einer Erzählung mit dem Titel »Land und Meer«, und in dieser Novelle legte ich, rein intuitiv, die folgende Aussage nieder: Als Lebender könne man nicht nach Cardigan Island gelangen, als Toter hingegen womöglich schon. Und viele Jahre später, als ich, anders als 1966, die Recherchemöglichkeiten des Internets nutzen konnte, fand ich heraus: Die Insel hatte nie eine profane menschliche Ansiedlung getragen, doch in der Bronzezeit hatte sie als Bestattungsort gedient: als Begräbnisort für eine hochstehende Person, die auf dem Eiland in einem Grabhügel beigesetzt worden war.

Mehr dazu im Kapitel »Cardigan Island« in diesem Buch; vorerst will ich lediglich nochmals festhalten: Ich hatte in meiner Erzählung eine Aussage getroffen, die sich mit einem wichtigen Detail aus der Inselgeschichte deckte; einem Detail, das mir aber damals zumindest im Normalbewusstsein noch unbekannt gewesen war. Intuitiv jedoch hatte ich tieferes, unbewusstes Wissen aus einem früheren Leben niedergeschrieben. – Und auch in einem zweiten Fall reichte der Hintergrund meines Tuns im Sommer 1966 weit in die Nebel der Vergangenheit zurück.

Es war Nachmittag; ich hielt mich allein am Strand nahe der Jugendherberge von Poppit Sands auf und hatte nur im Sinn, einige Stunden mit Schwimmen und Sonnenbaden zu verbringen. Plötzlich aber, während ich auf die See hinausschaute, kam es wie ein unwiderstehlicher Drang über mich. Etwas zwang mich, ins Wasser zu gehen und in Richtung eines Felsenkaps davonzuschwimmen, welches die Teifi-Bucht im Südwesten, Cardigan Island gegenüber, begrenzt.

Die Distanz zu dem Kap betrug mehrere Kilometer; eine beachtliche Strecke schräg über die Bucht hinweg, aber ich traute mir durchaus zu, mein Ziel zu erreichen. Doch dann, als ich bereits weit vom Strand entfernt war, spürte ich, wie mich ein starker Sog packte: eine Strömung, die mich jetzt von der Südwestküste wegtrug – hinaus aufs offene Meer.

Wie lange ich gegen diese für mich brandgefährliche Meeresströmung ankämpfte, weiß ich nicht mehr; ich vergaß aber später nie, dass ich mir schwor: Ich werde nicht aufgeben! Werde mich nicht von der See unterkriegen lassen! Und wenn ich bis hinüber nach Irland durchhalten muss!

Das jedoch war nicht nötig, denn mit einem Mal fühlte ich einen Schmerz am Oberschenkel, und als ich mit der Hand nach unten tastete, spürte ich schroffes Gestein. Mein Kampf gegen die Strömung hatte mich zu einem Unterwasserriff geführt, und entlang dieses Riffs, das sich bis zur südwestlichen Steilküste der Bucht erstreckte, konnte ich mich an Land hangeln.

Mit letzter Kraft erklomm ich eine Klippe, brach oberhalb der Küstenfelsen auf Weideland zusammen und kehrte schließlich zur Jugendherberge zurück. Während der folgenden Jahrzehnte war ich, wenn ich an mein gefährliches Abenteuer dachte, stets der Meinung, auf sträflich leichtsinnige Weise mit meinem Leben gespielt zu haben. Doch 1996, dreißig Jahre nach meinem ersten Aufenthalt in Poppit Sands, las ich in einem nordwalisischen Gästehaus ein englischsprachiges Buch, das sich mit Überlieferungen aus dem alten Wales beschäftigte – und in diesem Werk fand ich eine verblüffende Erklärung für das, was ich 1966 in der Teifi-Bucht erlebt hatte.

Folgendes stand in dem Buch: Früher, als es in Cymru noch eine druidische Ausbildung von Barden gegeben habe, sei die Mündungsbucht des Teifi Schauplatz einer Prüfung gewesen, der sich regionale Bardenschüler zu unterziehen gehabt hätten. Am Strand von Poppit Sands sei der Prüfling aufgefordert worden, einen Curragh, ein kleines Boot, zu besteigen, um damit das Kap am Südwestende der Meeresbucht zu erreichen. Man habe dem Bardenschüler aber kein Ruder mitgegeben, er habe vielmehr mit den Händen paddeln müssen.

Wenn der Prüfling dann ein Stück weit draußen in der Bucht gewesen sei, habe eine starke Strömung den Curragh gepackt und ihn auf die offene See hinausgezogen. Und in dieser Situation sei es auf den Kampfeswillen des Bardenschülers angekommen. Habe er gegen die Meeresströmung gekämpft, so sei er zu einem Unterwasserriff gelangt und habe so an Land kommen können, womit die Prüfung bestanden gewesen sei. Falls der Bardenschüler jedoch aufgegeben habe und sein Boot abgetrieben sei, habe man ihn wegen seiner Schwäche von der weiteren Ausbildung ausgeschlossen. Mit dem Leben aber habe er sein Versagen nicht bezahlt, denn er sei hinter dem Kap von Männern in einem großen Boot aufgefischt worden.

Diese Überlieferung fand ich in jenem Buch, und später stieß ich im Werk »Das magische Wissen der Druiden« von Ross Nichols, dem Begründer des modernen »Order of Bards, Ovates and Druids«, auf einen Textauszug aus einem altwalisischen Gedicht mit dem Titel »Gwydne«, was »Gemahl« (der Göttin Ceridwen) bedeutet und ein Ehrentitel britannischer Barden ist. Der kurze Text, in dem es um eine Bardeninitiation auf dem Meer geht, lautet: »Die aufragenden Felsen der Barden werden sich euch als der Hafen des Lebens erweisen. Das Verhalten des Wassers wird euer Verdienst verkünden.« Und Nichols kommentierte: »Der Kandidat scheint auf dem Boden eines Curraghs festgebunden und der Strömung überlassen worden zu sein, die in der Cardigan-Bucht wirbelt.«

Mit den »aufragenden Felsen der Barden« ist offenbar das mächtige Felsenkap am südwestlichen Ende der Teifi-Bucht gemeint; es erweist sich als »Hafen« des (Barden)-»Lebens«, sofern der Prüfling das Kap erreicht. Und das »Verhalten des Wassers« (die Meeresströmung) wird das »Verdienst« der Bardenschüler »verkünden« – nämlich dann, wenn die Prüflinge ihren Kampfgeist unter Beweis gestellt haben.

Dies zur Vertiefung des zuvor Erzählten – doch schon zu der Zeit, da ich in Nordwales auf die Überlieferungen von den Bardenschüler-Initiationen gestoßen war, hatte ich begriffen, was im Sommer 1966 mit mir passiert war.

Intuitiv, einem unwiderstehlichen anderweltlichen Ruf gehorchend, hatte ich mich an jenem Sommertag der traditionellen Bardenschüler-Prüfung unterzogen; es hatte nur einen einzigen Unterschied zu den alten keltischen Praktiken gegeben: Ich hatte mich nicht in einem Curragh befunden, sondern war geschwommen. Das jedoch war im Rahmen des Ganzen unwichtig gewesen; gezählt hatte letztlich nur eins: Dass ich gekämpft und mich im Kampf mit der Meeresströmung nicht geschlagen gegeben hatte. Und damit war ich erfolgreich aus der Prüfung hervorgegangen – und hatte das innere Rüstzeug gewonnen, um auch die Existenzkämpfe und das geistige Ringen in meinem späteren Schriftstellerleben bestehen zu können.

Ich habe hier von diesem im Grunde hochgradig spirituellen Erlebnis erzählt, um darzustellen, welch enorme metaphysische Macht bestimmte Örtlichkeiten in Britannien besitzen. Die an solchen Orten seit Menschengedenken wirkenden Kräfte können sich unter Umständen durchaus auch auf uns Heutige auswirken, wie ich 1966 am eigenen Leib erfahren habe. Und auf den vielen Reisen, die mich in den darauffolgenden Jahrzehnten nach Britannien führten, habe ich Dutzende weitere Orte von sehr hoher spiritueller Bedeutung gefunden und ihre Ausstrahlung erlebt. Stets sind diese Örtlichkeiten von starker heidnisch-metaphysischer Kraft geprägt; nicht selten korrespondieren damit aber auch historische Geschehnisse, denn alles auf Erden und im Kosmos ist vielfach miteinander verflochten.

Ich persönlich wiederum bin – und dies keinesfalls nur in meiner gegenwärtigen Inkarnation – stark mit den südlichen und südwestlichen Landesteilen Englands und noch intensiver mit Wales verbunden. Wieder und wieder bereiste ich deshalb Südengland und Cymru; auf jeder dieser Reisen wurde ich zu Orten mit starker Magie geführt, und im vorliegenden Buch stelle ich dreißig dieser ganz besonderen Stätten, die »meine« sind, in Wort und Bild vor.

Natürlich decken die magischen Örtlichkeiten, zu denen wir nun reisen werden, nur einen relativ kleinen Teil Britanniens ab. Dafür habe ich aber die faszinierenden Emanationen der im Buch behandelten Plätze stets authentisch und öfter sehr intensiv am eigenen Körper und im eigenen Geist erfahren. Ich schreibe also nur über solche Orte, die ich nicht allein vom Historischen oder sonstwie rein Informativen her, sondern zudem »tief drinnen« bestens kenne – und dies ist das bestimmende Kriterium für die einzelnen Kapitel dieses Werkes.

TEIL 1
SÜDENGLAND

WILMINGTON

Der Gott, der in Richtung der uralten Eibe schreitet

Eigentlich suchte ich, auf der südenglischen Küstenstraße A27 nach Westen fahrend, lediglich einen Platz für eine Rast. Daher bog ich von der Hauptstraße ab, und so entdeckte ich das malerische Dorf Wilmington.

Langsam steuerte ich mein Auto durch den kleinen Ort; passierte jahrhundertealte Fachwerkhäuser mit efeubewachsenen Fassaden und liebevoll bepflanzten Vorgärten. Dann, von einem Hohlweg aus, erblickte ich nahe einer sehr alt wirkenden Kirche ruinenhaftes, halb von Bäumen verdecktes Mauerwerk – und gleich darauf sah ich den »Long Man of Wilmington«.

Von einem sanften Hügelhang schien er zum Dorfrand herabzuschreiten: eine riesige weiße Menschenfigur mit einem hohen Stab in jeder Hand. Es handelte sich um eine der berühmten Hügelfiguren Britanniens, die durch partielles Entfernen der Grasnarbe über hellem Kalkboden entstanden sind – und kaum hatte ich den »Long Man« erblickt, assoziierte ich ihn mit dem Genius Loci, dem Geist der Hügellandschaft bei Wilmington.

Meine Assoziation war natürlich subjektiv; sie kehrte jedoch stets zurück, wenn ich in späteren Jahren erneut vor Ort war. Aber es gibt auch andere Interpretationen der Hügelfigur, die damit zusammenhängen, dass der etwa siebzig Meter große »Long Man« im Detail nicht immer so wie heutzutage aussah.

Auf einer Zeichnung aus dem Jahr 1776 etwa trägt die Hügelfigur eine Sense und einen Rechen in den Händen; sie könnte also einst einen sakralen agrarischen Bezug gehabt haben: am ehesten als Fruchtbar-

Die Hügelfigur des »Long Man of Wilmington«

keitsgottheit. Ebenso wäre es aber möglich, dass die heute sichtbaren Stäbe einstmals Speere waren; der »Long Man« könnte demnach auch als Krieger oder Kriegsgott angesehen werden. Und schließlich gibt es Überlieferungen, wonach früher nahe der Hügelfigur zu bestimmten Jahreszeiten eine Hahnengestalt sichtbar geworden sei, was auf eine verborgene Tierdarstellung unter dem Bewuchs der Hügelflanke hindeuten könnte.

Ganz typisch für die britannischen Figuren auf Kalkböden ist der »Long Man« nicht. Die Grasnarbe auf dem Hang bei Wilmington ist nämlich sehr dick, so dass sie früher nicht völlig bis zum hellen Untergrund abgetragen werden konnte. Daher war die Figur nie optimal zu erkennen, weshalb man sich, um sie besser sichtbar zu machen, ab dem neunzehnten Jahrhundert mehrmals mit dem Auslegen von hellen Steinen oder Betonblöcken behalf. Und bei der ersten dieser Maßnahmen Anno 1874 machte man eine aufsehenerregende Entdeckung.

Über der tiefsten, also ältesten Ablagerungsschicht der Hangfigur kamen römische Ziegelfragmente zum Vorschein. Britannien war von der Mitte des ersten bis zum frühen fünften Jahrhundert von den Römern besetzt, und da die römischen Fragmente erst nach der Entstehung der Hügelfigur in den Hanggrund eingebracht wurden, muss der »Long Man« aus vorrömischer Zeit stammen. Die Figur könnte also keltisch sein –so, wie möglicherweise auch der »Cerne Abbas Giant« in der Grafschaft Dorset, den wir im Kapitel »Maiden Castle« besuchen werden. Aber auch eine präkeltische Herkunft des »Long Man« ist vielleicht realistisch, denn die Historie des Hügels, auf dem der Riese zu Tal schreitet, reicht sehr weit in die Vorgeschichte zurück.

Schon im Neolithikum war die Anhöhe ein bedeutender Ort, denn der Boden ist dort reich an Feuersteinknollen, die in der Steinzeit zur Herstellung von Steinmessern, Schabern, Axtköpfen sowie Pfeil- und Lanzenspitzen dienten. Auch in der Bronzezeit wurde auf dem Hügel der Flintstein abgebaut, und aus dieser Epoche stammen auch verschiedene Grabhügel, in denen wohl Häuptlinge bestattet wurden.

Schließlich fanden im neunzehnten Jahrhundert Arbeiter, die ein Feld in der Nähe des »Long Man« trockenlegten, einen Topf, der zahlreiche Beilklingen, Dolche und Speerspitzen aus Bronze enthielt. Eindeutig handelte es sich bei dem Hort um eine Opfergabe aus keltischer Zeit, denn die Bronzegegenstände waren, wie es bei den Kelten der Brauch war, vor ihrer Opferung gezielt unbrauchbar gemacht worden.

Es kann gut sein, dass der »Long Man« einst Zeuge des Opferrituals wurde – und ebenso wird er gesehen haben, wie weiter unten im Tal eine junge Eibe aufwuchs und sich im Lauf vieler Jahrhunderte zu einem mächtigen Baum entwickelte. Gemeint ist der mittlerweile uralte Eibenbaum nahe der ebenfalls schon sehr alten Kirche von Wilmington; es ist ein Baumriese, der laut einer wissenschaftlichen Untersuchung ein Methusalem-Alter von rund sechzehnhundert Jahren aufweist.

Als die Eibe, deren mit Stangen gestützter Doppelstamm einen Umfang von etwa sieben Metern hat, noch ganz jung war, zogen die letzten römischen Legionen aus Britannien ab, und die »Dark Ages« brachen an: die Epoche, als die britannischen Kelten gezwungen waren, gegen germanische Invasoren zu kämpfen. Es mag sein, dass Arthur und Merlin den »Long Man« und ebenso den jungen Eibenbaum erblickten – und vielleicht verweilten sie aus religiösen Gründen bei diesem Baum, denn Eiben besaßen überall in der paganen (heidnischen) alteuropäischen Welt hohe sakrale Bedeutung.

Die uralte Eibe von Wilmington

Wegen des enormen Alters der Wilmington-Eibe wird Folgendes vermutet: Der Baum wurde einst an einem heidnischen Sakralort gepflanzt; in einem romano-keltischen oder poströmischen, bereits wieder rein keltischen Naturheiligtum. Und auch später, als sich sächsische Eroberer in Südbritannien festgesetzt hatten, blieben vor Ort offenbar noch über sehr lange Zeit hinweg pagane Glaubensvorstellungen lebendig.

Das »Domesday Book«, eine Bestandaufnahme aller englischen Liegenschaften aus dem Jahr 1086, weist darauf hin. In diesem normannischen »Grundbuch« nämlich, das Wilhelm der Eroberer anlegen ließ, wird unter dem Eintrag für das Dorf Wilmington keine christliche Kirche genannt. Erst ab dem frühen zwölften Jahrhundert taucht in den Urkunden ein Kirchengebäude auf; die düster und archaisch wirkende Kirche von Wilmington ist infolgedessen in ihrem Ursprung um die neunhundert Jahre alt – doch sehr viel älter ist eine Figur im Kircheninneren: eine Steinplastik, die als »Madonna von Wilmington« bekannt ist.

Die Plastik befand sich früher an der äußeren Chorwand der Kirche; im Jahr 1948 wurde sie ins Kircheninnere gebracht und hoch über dem Altar eingemauert. Es handelt sich um eine sitzende Frauengestalt, die allerdings mit den üblichen Madonnendarstellungen gar nichts gemein hat; insbesondere der Kopf wirkt sehr archaisch und untypisch für eine christliche Muttergottes. Deshalb haben verschiedene Wissenschaftler zumindest diesen Frauenkopf als heidnisch-keltisch klassifiziert; der Frauenkörper hingegen kann nach Meinung der Historiker in christlicher Zeit hinzugefügt worden sein.

In der »Madonna von Wilmington« begegnen wir also einer keltischen Göttin: nach Meinung der meisten Experten einer mütterlichen Fruchtbarkeitsgöttin. Dies wäre dann vielleicht die uralte Göttin Ana oder Dana – und als die Gottheit, die immerwährend befruchtend wirkt und damit ständig neues Leben schenkt, könnte sie mit dem »Long Man« korrespondieren, sofern auch in ihm eine Fruchtbarkeitsgottheit gesehen werden kann.

Für die keltische Herkunft der »Madonna« spricht zudem, dass es in Wilmington zwei weitere Kopfskulpturen gibt beziehungsweise gab, die vermutlich ebenfalls auf die Keltenzeit zurückgehen. Das eine Steinhaupt ist in der Wand eines Wilmingtoner Wohnhauses mit dem Namen »The Chantry« (»Der Pfifferling«) eingemauert; das andere, das sich heute im »Barbican House« in der nahen Stadt Lewes befindet und in diesem Archäologie-Museum besichtigt werden kann, wurde in den Ruinen der früheren Priory (Priorei, Kloster) von Wilmington gefunden, auf die wir gleich noch ausführlicher zu sprechen kommen werden. Beide Steinköpfe wirken, ebenso wie die »Madonna«, archaisch, und sie könnten, wie einige Historiker vermuten, mit den berühmten keltischen Kopfkulten in Verbindung gestanden haben.

Weil das eine Haupt in der ehemaligen Priory entdeckt wurde, kann nicht ausgeschlossen werden, dass diese Klosteranlage, die ebenso wie die bei ihr stehende Dorfkirche auf das frühe zwölfte Jahrhundert zurückgeht, an der Stelle eines uralten paganen, im Hochmittelalter christlich vereinnahmten Kultplatzes erbaut wurde. Der keltische Steinkopf könnte in diesem Fall einer neuen Verwendung zugeführt worden sein; die Mönche könnten ihn etwa zur künstlerischen Aufwertung ihrer Klostergebäude genutzt, respektive missbraucht haben.

Wissenschaftlich nachzuweisen ist dies freilich nicht; gesichert ist hingegen, dass die Priory von Wilmington ein Ableger-Kloster der Benediktinerabtei Grestein bei der Stadt Honfleur in der Normandie war. Daher wirkten in Wilmington nicht nur englische, sondern auch französische Mönche. Dies wiederum führte, da im Mittelalter ständig Kriege zwischen den englischen und französischen Königen tobten, oft zu politischen Spannungen – bis das Kloster im frühen fünfzehnten Jahrhundert zunächst unter strikte englische Kontrolle fiel und sodann 1565, in der Regierungszeit von Königin Elizabeth I., säkularisiert wurde.

Die Mönche mussten die Priory räumen; unter den Augen des »Long Man« wurden sie vertrieben, und die Klostergebäude sowie die zugehörigen Grundstücke wurden danach von örtlichen Farmern genutzt. Im Lauf der Zeit verfielen die hochmittelalterlichen Bauten immer mehr und wurden zumeist zu Ruinen; im Jahr 1925 schließlich kamen die Überreste der einstigen Priory ins Eigentum der »Sussex Archaeological Society«. Diese Institution kümmerte sich um den Erhalt und die teilweise Restaurierung der alten Gebäude; heute sind einige Klosterbauten wieder bewohnbar, und Menschen, die mittelalterliches Feeling suchen, können sich vorübergehend in der ehemaligen Priory einmieten.

* * *

Wilmington, in der Grafschaft East Sussex gelegen, ist am besten über die A27 von Hastings oder Brighton her zu erreichen. Die Abzweigung, die in das Dorf führt, liegt zwischen den Orten Polegate im Osten und Berwick im Westen. Gleich hinter der Ausfahrt von der A27 erblickt man das Gasthaus »The Giant's Rest«; die Kirche, die Eibe, die Priory und den Hügelhang mit dem »Long Man« erreicht man, wenn man die schmale Ortsstraße vom Gasthaus aus bergauf geht oder fährt.

Der »Long Man« und das Kirchenareal sind frei zugänglich. Die Priory kann man nur manchmal besichtigen; Näheres (auch bezüglich Ferien in der Priory) hier: info@landmarktrust.org.uk

OLD SARUM

Die untergegangene Stadt im keltischen Ringwall

Kriegsleute des Königs und Kleriker des Bischofs hockten eng aufeinander im Schatten mächtiger Wälle aus lange vergangener Zeit. Die Waffenträger von der Königsburg soffen, randalierten und hurten; die Priester und Laien, die rings um die Kathedrale siedelten, beteten viel, riefen tagtäglich ihre obskuren Heiligen an, hurten bisweilen ebenfalls und schämten sich danach ihrer Sünden. Engländer waren sie allesamt; sie hätten sich eigentlich vertragen können, aber da sie in unterschiedlichen Welten – feudal oder klerikal – lebten, kam es häufig zu Zusammenstößen, und die Spannungen zwischen ihnen wurden immer schlimmer. Zuletzt handelte ein Kirchenfürst auf seine Weise – doch

Ruinenmauern der mittelalterlichen Königsburg von »Old Sarum«

ehe wir uns damit beschäftigen, muss zunächst die gesamte lange Vorgeschichte von Old Sarum dargestellt werden, die bis ins Neolithikum zurückreicht.

Der Ort liegt am Südrand der Salisbury Plain, einer weiten, von Hügelzügen umgebenen Ebene, die Berühmtheit erlangt hat, weil sich auf ihr die mächtigen Monolithen des Stonehenge erheben. Dessen Ursprünge wurzeln in der Jungsteinzeit vor gut fünftausend Jahren – und etwa ebenso alt sind die ersten Besiedlungsspuren auf dem Hügel von Old Sarum. Bereits im Neolithikum lebten Menschen auf der eher sanften Anhöhe, und ungefähr dreitausend Jahre später, im letzten vorchristlichen Jahrhundert, ließen sich dort Belger nieder: keltische oder eventuell auch keltogermanische Flüchtlinge aus dem nördlichen Gallien, deren Stamm von den Legionen des römischen Feldherrn Gaius Iulius Caesar angegriffen worden war.

Auf brutalste Weise waren die Belger aus ihrer alten Heimat vertrieben worden; jetzt erschlossen sie sich Siedelland im südlichen Britannien, und in ihrer neuen Heimat erbauten sie nicht nur Bauernhöfe und Dörfer, sondern legten zudem verschiedene mächtige Hügelfestungen zu ihrem Schutz an. Dies geschah auch in Old Sarum; hier entstand rings um das Hügelplateau ein gewaltiger Ringwall, dessen Wucht und Ausmaße bis zum heutigen Tag sehr beeindrucken.

Als ich, vom Stonehenge kommend, die Wallanlage zum ersten Mal sah, war ich so hingerissen, dass ich es nicht fertigbrachte, lange nach einem Parkplatz und dem offiziellen Zugang nach Old Sarum zu suchen. Vielmehr lenkte ich mein Auto von der Hauptstraße herunter und steuerte es auf einem Feldweg so nahe wie möglich an den himmelstürmenden Nordwall heran. Am Wallfuß ließ ich den Wagen einfach stehen; hastig erklomm ich den Steilhang; droben, wo noch immer ein Wehrgang zu erahnen war, schaute ich mich schwer atmend um.

Innerhalb des Ringwalls erblickte ich dunkle, klotzige Ruinenmauern; in einiger Distanz auch Fundamente eines Gebäudes, das einstmals riesig gewesen sein musste, und ich vermutete, römische Relikte zu sehen. Denn nachdem die Römer im ersten nachchristlichen Jahrhundert das südliche Britannien erobert und auch das Siedelgebiet der aus Gallien geflohenen Belger okkupiert hatten, waren sie darangegangen, die Hügelfestung zu einem ihrer Legionärskastelle auszubauen.

Doch als ich zu dem Ruinenareal hinabstieg, wurde ich hinsichtlich der Gebäudeüberreste eines Besseren belehrt. Auf einer Informationstafel las ich, dass es sich bei dem verfallenen klobigen Gemäuer um die Überreste einer im elften Jahrhundert erbauten Burg von König William I., dem normannischen Eroberer Englands, handelte. Die ein gutes Stück von der Burganlage entfernten Fundamentmauern wiederum markierten die Standorte einer Kathedrale und eines Bischofspalastes: Prachtgebäude, die gleichzeitig mit der Königsburg errichtet worden waren.

Damit aber sind wir wieder bei der eingangs geschilderten historischen Situation: königliche Kriegsleute hier, bischöfliche Kleriker dort – und beide Gruppen samt ihrem familiären und sonstigen Anhang innerhalb des Ringwalles von Old Sarum auf relativ engem Raum zusammengepfercht. Angesichts dessen waren im elften und zwölften Jahrhundert ständige Spannungen und teils auch gewalttätige Auseinandersetzungen unausweichlich, und als sich die brisante Lage im frühen dreizehnten Jahrhundert immer mehr zuspitzte, zog der damalige Bischof von Old Sarum die Konsequenzen.

Anno 1220 legte dieser Bischof, sein Name lautete Richard Poore, den Grundstein für eine neue Kathedrale nahe des Flusses Avon ungefähr drei Kilometer südlich von Old Sarum. Während die Mauern der Bischofskirche emporwuchsen, entstanden in New Sarum, wie der Ort zunächst hieß, auch Wohnhäuser für die Kleriker und deren Angehörige, und bald setzte zudem eine massive Abwanderung aus der uralten Ringwallfestung im Norden zur neuen Ansiedlung ein. So entstand der mittelalterliche Kern der heutigen Stadt Salisbury mit der weltberühmten Kathedrale im Zentrum; die Bauten in Old Sarum dagegen, auch die königliche Burganlage, wurden zunehmend menschenleer und verfielen mit der Zeit zu unbewohnbaren Ruinen.

Heutzutage gilt Old Sarum als »Rotten Borough«, als eine einstmals wichtige Siedelstätte, die im Lauf der Geschichte praktisch jegliche Bedeutung verlor. Oft liegt das Ruinenareal innerhalb des keltischen

Die Grundmauern der mittelalterlichen Kathedrale sind noch sichtbar.

Ringwalles still am Rand der Salisbury Plain; nur die historisch interessierten Besucher bringen, insbesondere in den Urlaubsmonaten, noch Leben nach Old Sarum.

Zu den anderen Zeiten hingegen gehört der so unendlich geschichtsträchtige Festungshügel vielfach allein sich selbst, und auf den ersten Blick wirkt er dann sehr verlassen und verloren. Das aber täuscht, denn wer ein Gespür dafür hat, bemerkt: Im Nebel, im Wind, im Dahintreiben der Wolken weben die Geister zahlloser Menschen, welche über Jahrtausende hinweg in Old Sarum geboren wurden, lebten und starben.

* * *

Von Salisbury aus – die Stadt liegt in der Grafschaft Wiltshire – erreicht man Old Sarum nach kurzer Fahrt von wenigen Minuten über die A345 in Richtung Amesbury. Die Zufahrt nach Old Sarum, die ein wenig unübersichtlich angelegt ist, führt dann links von der Hauptstraße den Hügel hinauf. Oben gibt es einen Parkplatz und ein Empfangsgebäude, wo Eintrittskarten zum historischen Gelände gelöst werden können. Öffnungszeiten u. a. hier: english-heritage.org.uk/visit/places/old-sarum/

STONEHENGE

Wo sich Sonnengott und Mondgöttin im Reigen begegnen

Als ich den Stonehenge, das berühmteste heidnische Heiligtum Britanniens, im Sommer 1976 zum ersten Mal sah, engte noch nichts das majestätische Steinrund ein. In großartiger archaischer Freiheit und zeitloser Schönheit erhob sich das jahrtausendealte Monument auf weitem Weideland.

Andächtig betrachteten meine Frau und ich die riesigen grauen Sarsensteine, von denen einige noch immer andersweltliche Tore zu bilden schienen; dann wieder richteten wir unser Augenmerk auf die kleineren Blausteine, die einst aus Wales herbeigebracht worden waren. Still wanderten wir zwischen den Monolithen umher; an etlichen Steinen glaubten wir schattenhafte Gesichtszüge oder geheimnisvolle Konturen zu erkennen –dann kündigte sich im Westen der Sonnenuntergang an.

Wenig später erlebten wir ein beinahe magisches Schauspiel. Das Abendrot, das zwischen den westlichen Großsteinen leuchtete, schien den Stonehenge zu verzaubern; schien ihn aus der Diesseitswelt zu entrücken. Zugleich aber schenkte die sinkende Sonne mit ihrem rötlichen Farbenspiel der irdischen, vom urzeitlichen Steinmonument beherrschten Dimension eine kaum fassbare Schönheit, wie wir sie nie zuvor erblickt hatten. Wie gebannt standen wir da; schauten und schauten, bis das warme Licht des Sonnenunterganges erlosch und sich die Schleier der Nacht auf die Salisbury Plain herabsenkten.

So konnte man den Stonehenge damals, im Jahr 1976, noch erleben; bereits 1978 aber wurde das vorgeschichtliche Monument eingezäunt und damit eines Teils seiner Ausstrahlung beraubt. Diese Maßnahme war nötig geworden, weil die Besucherströme zum Stonehenge immer stärker geworden waren und weil es im Zusammenhang damit öfter zu Vandalismus gekommen war – bis hin zu blödsinnigen Kletteraktionen, zum Beschmieren der Steine mit Farbe oder sogar Abschlagen von Steinbrocken, um Souvenirs mitnehmen zu können.

Nun mussten die Besucher durch einen Tunnel auf das Stonehenge-Areal innerhalb des Zaunes gehen; drinnen konnten sie das Steinrund nur noch in einiger Entfernung auf einem vorgegebenen Fußweg umschreiten, was dazu führte, dass es fast ständig zu dichtgedrängten Touristenprozessionen kam. Immer wieder sah ich bei meinen Aufenthalten am Großsteinmonument diese Prozessionen; ich hielt mich aber konsequent von ihnen fern, weil ich wusste: Sofern ich mit der Masse mitlaufen würde, könnte ich den Geist des Steinheiligtums nicht erspüren. Doch ich fand stets einen Ausweg, indem ich außen am Drahtzaun entlangging, bis ich zu einer Stelle kam, wo ich – weit von den Touristen entfernt – über den Zaun auf den Stonehenge blicken konnte. Und wenn ich dies tat, baute sich die spirituelle Verbindung zwischen dem Heiligtum und mir wieder auf, und ich hatte meinen inneren Gewinn davon.

Mittlerweile, seit dem Jahr 2013, haben sich die Umstände für die Stonehenge-Besucher erneut verändert. Der Parkplatz, der früher nahe beim Steinmonument lag, wurde aufgelassen und das Gelände renaturiert. Stattdessen entstand östlich des Stonehenge und zwei Kilometer von ihm entfernt ein aufwändiges Besucherzentrum mit einem Museums- und Informationsgebäude sowie einer Freilichtausstellung, wo rekonstruierte Wohnhütten der Stonehenge-Erbauer stehen und der Transport eines großen Monolithen demonstriert wird.

Von dort kann man auf einem Lehrpfad, von dem aus Hügelgräber und auch der geheimnisvolle »Cursus« zu sehen sind, entweder zu Fuß zum Steinheiligtum gehen oder in einem Shuttle-Bus fahren, der eine etwas andere Route nimmt. Und wenn man dann beim Stonehenge angekommen ist, so wird dessen Anblick zumindest nicht mehr von einem Zaun gestört; betreten darf man das eigentliche Monument jedoch nach wie vor nicht, sondern muss sich in Besucherarealen aufhalten.

Bei meinem letzten Besuch mied ich einmal mehr die Menschenmenge und betrachtete das pagane Steinmonument, wie früher schon, lieber allein und von weitem. Und dabei rekapitulierte ich, was die moderne Wissenschaft mittlerweile über das Großsteinmonument herausgefunden hat.

Der Stonehenge wurde nicht quasi von heute auf morgen im Rahmen einer einzigen Baumaßnahme errichtet. Vielmehr bekam er über viele Jahrhunderte hinweg – etwa von 3100 bis 2000 v. d. Z. – und erst nach verschiedenen Umbauten seine endgültige Gestalt. Doch eines war den unterschiedlichen Erscheinungsformen des im Neolithikum und in der Bronzezeit genutzten Heiligtums immer gemeinsam: Das sakrale Areal hatte stets einen starken astronomischen Bezug.

Mit Hilfe von Peillinien, die durch bestimmte Steine definiert waren, ließen sich nach Erkenntnissen diverser Forscher wichtige, auf die Sonne bezogene Zeitpunkte im Jahreslauf bestimmen; etwa die Tagundnachtgleichen im März und im September oder die Sommer- und Wintersonnenwenden. Vermutet wird, dass dies auch schon in den Frühphasen des Monuments möglich war, als sich anstelle der späteren Großsteine noch mächtige Holzpfähle erhoben, denn diese Pfähle konnten die gleichen Aufgaben wie die jüngeren Peilsteine erfüllen.

Der Stonehenge war jedoch nicht nur ein Sonnenobservatorium, sondern diente zudem der Beobachtung des Mondlaufes über lange Zeiträume hinweg. Präziser gesagt: Laut dem britischen Astronomen Gerald Hawkins, der im zwanzigsten Jahrhundert intensive Stonehenge-Forschungen betrieb, machte es das Steinmonument in seiner letzten Ausbauphase sogar möglich, die Zeitpunkte einer speziellen Mondfinsternis zu berechnen, die nur alle 18,6 Jahre auftritt. Und wenn den vorgeschichtlichen Hütern des Stonehenge dies gelang, dann ist es gut denkbar, dass sie auch andere nur schwer fassbare Eigenheiten des erdnächsten Gestirns zu bestimmen vermochten.

Es wäre nun aber falsch, das uralte Monument als rein astronomische Anlage anzusehen. Der Stonehenge war vielmehr stets auch ein hochstehender Sakralort; Bestattungen bei den Großsteinen oder Spuren von Opferritualen beweisen es. Und diese Verbindung von neolithischer und bronzezeitlicher Wissenschaft mit tiefer Spirituali-

Der weltberühmte Stonehenge mit seinen Trilithen im Sonnenuntergang

tät ist typisch für die vorgeschichtliche Kultur Europas. Es gab keinen Werteunterschied zwischen rationalem Denken und dem Wandern auf dem metaphysischen Pfad; beides war verflochten, und deshalb besaßen auch die Gottheiten diesen bipolaren Charakter: waren rational greifbare Naturerscheinungen oder Naturkräfte und ebenso heilige Brennpunkte der paganen Religion.

Darin aber liegt tiefe Weisheit. Denn der Himmelskörper Sonne ist einerseits, astronomisch betrachtet, das Zentrum und die Energiequelle unseres Sonnensystems; andererseits jedoch befruchtet der Sonnengott mit seinem warmen, leuchtenden Samen Jahr für Jahr die göttliche Erdmutter, so dass sie wieder und wieder neues Leben hervorbringen kann. Und was das Mondgestirn angeht, so umkreist es, von ihrer Anziehungskraft gehalten, die Erde; als Mondgöttin wiederum schenkt Andrasta, wie die britannischen Kelten sie nannten, den irdischen Frauen die Monatsblutungen, damit sie danach wieder empfangen können, und genauso sorgt sie an den Küsten der Weltmeere für den mächtigen Rhythmus der Gezeiten.

Wenn wir dies – den Zusammenklang von rationalem Denken und spiritueller Intuition – begreifen, dann sind wir dem wahren Wesen des Stonehenge einen großen Schritt nähergekommen. Wir verstehen, warum das uralte Sonnen- und Mondobservatorium zugleich Mittelpunkt einer Sakrallandschaft war (und im Grunde bis heute ist); Zentrum einer heiligen Landschaft, die sich weit um das Steinmonument herum ausbreitet.

Bronze- und eisenzeitliche Grabhügel, in Gruppen oder Reihen angeordnet, erheben sich auf der Ebene; andere solche Bestattungs-Mounds (Hügel) oder schlichtere Grabstätten, die teilweise schon vor sechstausend Jahren angelegt wurden, verschwanden im Lauf der Zeit von der Erdoberfläche, sind aber dank modernen Bodenradars unterirdisch nach wie vor zu orten.

Zudem liegt nördlich des Stonehenge der »Cursus«: ein etwa drei Kilometer langer doppelter Erdwall in gestreckter Ellipsenform, der auf die Mitte des vierten vorchristlichen Jahrtausend datiert wird. Der Doppel-Damm mit den abgerundeten Enden, der teilweise noch sichtbar, teilweise aber verpflügt ist, verläuft, grob gesehen, von Ost nach West. Seine beiden Endpunkte, an denen es einst jeweils eine tiefe Grube gab, stellen nach Meinung verschiedener Wissenschaftler einen Bezug zu den Sonnenaufgangspunkten zur Zeit der Frühjahrs- beziehungsweise Herbsttagundnachtgleiche her, und zur Sommersonnenwende laufen bestimmte Peillinien von den Endgruben aus auf den Stonehenge zu und treffen sich dort.

Über die metaphysische Bedeutung des »Cursus« wurde viel gerätselt; die meisten Forscher sind sich darüber einig, dass die prähistorische Wallanlage gleichermaßen astronomisch und sakral definiert werden muss. Und als ich vor einigen Jahren wieder einmal bei dem geheimnisvollen Erdwerk verweilte, glaubte ich, Bilder aus ferner Vergangenheit zu sehen.

Ich erblickte das östliche Ende des »Cursus« in der Morgendämmerung. Die Menschen, die dort versammelt waren, schauten auf die Erdgrube bei der Dammrundung und machten sich bewusst: Alles Leben, auch ihres, wurde aus dieser weichen, warmen Tiefe – dem Schoß der Muttergöttin – geboren. Ein Schamane sprach diese Wahrheit aus, während im Sonnenaufgang nun auch der junge Tag geboren wurde, und dann setzte sich die Schar der Frauen, Männer und Kinder in Bewegung.

Auf der südlichen Dammkrone wanderten die Menschen langsam nach Westen; oft hielten sie an, um die Gottheiten durch Rituale zu ehren, und als die Sonne im Zenit stand, befand sich die Prozession auf halbem Weg zwischen dem östlichen und dem westlichen Ende des elliptischen Erdwalles. In der Abenddämmerung dann erreichten die Sakralwanderer das Dammende im Westen und versammelten sich bei der dortigen Erdgrube, um sich, in die weiche, warme Tiefe blickend, bewusst zu machen, dass alles Leben, auch ihres, in den Tod münden und so in den Schoß der Muttergöttin heimkehren würde.

Der Schamane, der die Schar führte, sprach auch diese Wahrheit aus; gleich darauf verkündete er weiteres Wissen: Im Tod sterbe der Leib ab, nicht aber der Geist. Diesem sei es aufgegeben, nach seinem irdischen Lebensweg auch den anderweltlichen Lebensweg zu beschreiten, und an dessen Ziel werde dank der Macht der Göttin neues, junges Licht leuchten.

In der Nacht sodann gingen die Menschen auf der nördlichen Dammkrone zurück nach Osten. Wieder hielten sie oft inne, um Rituale zu zelebrieren, und als der Morgen dämmerte, kamen die Sakralwanderer zum östlichen Dammende zurück. Kaum waren sie dort angelangt, erhob sich der Sonnengott, der ähnlich wie die Frauen, Männer und Kinder während der vergangenen Stunden durch die verborgene Anderswelt geschritten war, in heiliger, der Muttergöttin zu verdankender irdischer Reinkarnation über den Horizont. Und die neolithischen Menschen erkannten beglückt: So wie dem leuchtenden Gott würde auch ihnen die Wiedergeburt geschenkt werden.

Diese Bilder aus ferner Vergangenheit glaubte ich am »Cursus« zu sehen. Einige Monate später kam ich mit Professor Michael Parker Pearson, einem bekannten Prähistoriker an der Universität London, in Kontakt. Ich teilte ihm mit, was ich im Zusammenhang mit dem »Cursus« intuitiv erschaut hatte, und der Professor meinte daraufhin, auch er denke, dass das Erdwerk einstmals für sakrale Prozessionen genutzt worden sei.

Parker Pearson war auch einer der Wissenschaftler, die ab dem Jahr 2003 einen Ort namens »Durrington Walls« erforschten. Er liegt gut zwei Kilometer vom Stonehenge entfernt nahe dem Woodhenge:

In solchen Rundhütten lebten die Menschen, die den Stonehenge erbauten.

einem jungsteinzeitlichen Heiligtum, das einst aus mächtigen Holzpfosten bestand. »Durrington Walls« wiederum entpuppte sich im Verlauf der archäologischen Ausgrabungen als die größte bislang bekannte neolithische Ansiedlung in Nordeuropa. Innerhalb eines Wallgrabens, der bis heute gut sichtbar ist, lagen über dreihundert Bauwerke, meist Wohnhäuser, und diese jungsteinzeitliche Stadt wurde um die Mitte des vierten vorchristlichen Jahrtausends gegründet, womit sie einige Jahrhunderte älter ist als die ältesten Stonehenge-Anlagen.

Dies aber bedeutet: In »Durrington Walls« fanden die Wissenschaftler den befestigten und gut organisierten Ort, wo die Erbauer und Hüter des Stonehenge lebten. Über viele Jahrhunderte hinweg kümmerten sie sich um das Steinheiligtum – irgendwann freilich wurde die prähistorische Stadt verlassen, und ebenso kam schließlich die Zeit, da auch der Stonehenge seine astronomisch-religiöse Funktion verlor und langsam verfiel.

In späteren Epochen konnte man sich nicht mehr erklären, welchen Sinn das Megalith-Bauwerk einst gehabt hatte. Daher begannen sich Sagen und Legenden um den Stonehenge zu ranken; so beispielsweise die Geschichte, wonach der »Zauberer« Merlin den Steinkreis errichtet hätte.

Erst dank der modernen Wissenschaft konnte das wahre Wesen des einzigartigen vorgeschichtlichen Monuments auf der Salisbury Plain zumindest teilweise wieder entschlüsselt werden. Dies aber bedeutet nicht, dass der Stonehenge dadurch seinen fesselnden Nimbus verlor – vielmehr gewinnt er mit jeder neuen wissenschaftlichen Erkenntnis noch an Faszination; an einer Faszination, die aus der Wiederentdeckung der reichen und weisen Geisteswelt des heidnischen Britannien erwächst.

* * *

Von Salisbury (Wiltshire) aus ist der Stonehenge nach etwa 13 Kilometern Fahrt in nördlicher Richtung auf der A345 (an Old Sarum vorbei) oder über die parallel zur A345 laufende A360 zu erreichen. Ebenso kann das Großstein-Monument über die A303 entweder über Amesbury (östlich) oder über Winterbourne Stoke (westlich) angefahren werden. Öffnungszeiten u. a. hier: english-heritage.org.uk/visit/places/stonehenge/

AVEBURY

Der Sakralweg, wo der Aufstieg leichter fällt als der Abstieg

Nicht weniger eindrucksvoll als der Stonehenge ist das Megalith-Heiligtum von Avebury, das eine Autostunde nördlich von Salisbury liegt. Doch anders als das Stonehenge-Monument, das trotz seiner optischen Wucht nicht sonderlich viel Platz einnimmt, wirken die von einem mächtigen Erdwall und einem Innengraben umgebenen »Avebury Rings« mit ihren vielen Menhiren schier riesig. Man benötigt geraume Zeit, um das prähistorische Heiligtum zu umschreiten, und man kommt dabei sogar durch einen Ortsteil des Dorfes Avebury, das fast zur Hälfte in die uralte Sakralanlage hineingebaut wurde.

Insgesamt besteht das Avebury-Monument aus drei Steinkreisen. Etwa 2600 v. d. Z. wurden zunächst zwei kleinere, heute schwer beschädigte Kreise errichtet, die als Nord- beziehungsweise Südkreis bezeichnet werden. Jeder dieser Steinkreise hatte im unbeschädigten Zustand einen Durchmesser von etwa hundert Metern; im Nordkreis waren ursprünglich 27 Menhire aufgestellt, im Südkreis 29. Da das Avebury-Heiligtum jedoch ab dem Spätmittelalter aufgrund christlichen Hasses auf alles Heidnische unter schweren Zerstörungen und Raubbau an den Megalithen litt, sind heutzutage vom Nordkreis nur noch vier und vom Südkreis bloß noch fünf Monolithen erhalten; die früheren Standorte der verlorenen Steine konnten aber in der Moderne archäologisch nachgewiesen werden.

Der dritte und sehr viel größere Steinkreis, der die beiden anderen Kreisanlagen umschließt, wurde etwa 2500 v. d. Z. erbaut. Er hat einen Umfang von etwa zwölfhundert Metern und wirkt mit seinen teils gewaltigen Megalithen nach wie vor sehr eindrucksvoll. Und dies

Ein Teil der riesigen Steinkreisanlage von Avebury. In ihrer ganzen Ausdehnung lässt sich die Anlage gar nicht fotografieren.

ist so, obwohl von seinen einst 98 Steinen nur noch 27 überdauert haben, denn auch dieser große Kreis war in der Vergangenheit argen Verwüstungen ausgesetzt.

So wurde beispielsweise im achtzehnten Jahrhundert der größte Menhir, der fünfeinhalb Meter emporragte, umgestürzt und zertrümmert. Bei einem anderen christlichen Akt des Vandalismus soll, so die Volksüberlieferung, ein reisender Barbier ums Leben gekommen sein. Bei seinem Aufenthalt in Avebury sei der Mann Zeuge geworden, wie der Erdboden am Fuß eines der Monolithen aufgegraben worden sei. Man habe den Großstein so niederwerfen wollen – doch dann sei der Menhir früher als gedacht umgefallen und habe den Barbier unter sich begraben.

So zumindest erzählten es die Bewohner von Avebury über Generationen hinweg. Im zwanzigsten Jahrhundert allerdings kam ans Licht, dass die alte Geschichte die historische Realität verbogen hatte. Im Jahr 1938 nämlich ließ ein Archäologe den Großstein, der nach seinem Sturz mit Erde bedeckt worden war, heben. Unter dem Menhir kam tatsächlich das Skelett des Barbiers zum Vorschein – aber als diese Gebeine Ende des zwanzigsten Jahrhunderts mit modernen

Methoden untersucht wurden, stellte sich heraus, dass der angeblich Verunglückte nicht von dem niederkrachenden Großstein zerquetscht worden war, denn an dem Skelett konnten keinerlei Knochenbrüche oder anderweitige schwere Verletzungen nachgewiesen werden.

Vielmehr deutete der Zustand der Gebeine entweder auf einen natürlichen Tod des Mannes hin – oder auf einen Mord, der keine Spuren an den Knochen hinterlassen hatte; beispielsweise eine Tötung durch Erdrosseln, respektive Erstechen, wobei die Stichwaffe lediglich Weichteile im Körper getroffen hätte. Fakt blieb jedoch, dass der Barbier sein Grab unter dem Megalithen und nicht auf dem christlichen Kirchhof von Avebury gefunden hatte – und dies wiederum legt eine Vermutung nahe: Der Tote war womöglich kein Christ, sondern war vielleicht als Anhänger der alten paganen Religion bekannt und deshalb verrufen, und aus diesem Grund wurde er zuletzt auch unter dem zuvor bereits umgestürzten heidnischen Großstein beigesetzt.

Wer sich über das rätselhafte Geschehen um den Barbier seine eigenen Gedanken machen möchte, kann dies am einstigen Begräbnisplatz des Mannes tun, denn der bewusste Monolith wurde in der Moderne wieder aufgerichtet. In Erinnerung an den Toten wird er »Barber's Stone« genannt, und sein Standort lässt sich leicht herausfinden, wenn man sich in Avebury bei einem Einheimischen erkundigt. Eine Vielzahl anderer Menhire wiederum, die sich außerhalb der großen Steinkreisanlage befinden, entdeckt man problemlos ohne Hilfe. Es handelt sich um die »Avenue«: eine prähistorische Prozessionsstraße, die zu beiden Seiten von Hohen Steinen flankiert wird.

Die »Avenue« läuft vom eigentlichen Avebury-Heiligtum aus nach Südosten: in Richtung der Totenstätten East Kennet und West Kennet, die wir im nächsten Kapitel kennenlernen werden. Errichtet wurde die Prozessionsstraße mit ihren Menhiren in der zweiten Hälfte des dritten vorchristlichen Jahrtausends (etwa 2400 bis 2200). In ihrem neolithischen Originalzustand wurde die »Avenue« von mehr als 200 Großsteinen gesäumt, wobei die meisten Steine einander gegenüberstehende Paare bildeten. Da auch die Prozessionsstraße in christlicher Zeit unter schwerem Vandalismus litt, ragten Anno 1724 gerade noch 72 Menhire gen Himmel; 1932 waren es nur noch vier. Mittlerweile aber wurden 27 Hohe Steine wieder aufgerichtet, und an den Standorten von 37 anderen Menhiren, die irgendwann zertrümmert wurden, erheben sich jetzt Ersatzmonumente aus Beton.

Die »Avenue«, die ungefähr zweieinhalb Kilometer lang ist, zieht sich vom südlichen Saum des großen Avebury-Steinkreises aus in sanfter Neigung und leicht geschwungen in ein kleines Tal hinab – und als ich die jahrtausendealte Prozessionsstraße bei meinem ersten Besuch in Avebury vor mir sah, wollte ich den heidnischen Sakralweg natürlich unbedingt begehen.

Vom Ringwall des großen Heiligtums, auf dem ich gestanden hatte, kletterte ich zum ersten Menhirpaar hinunter; zwischen den Megalithen angekommen, ließ ich ihren Anblick auf mich wirken und entschied mich dann, der linken Reihe der Monolithen talwärts zu folgen. Langsam schritt ich dahin, immer wieder blieb ich bei den Steinen oder den Betonblöcken stehen – und nachdem ich das erste Stück meines Weges zurückgelegt hatte, spürte ich, dass mich das Gehen anstrengte.

Dies war seltsam, weil sich die »Avenue« ja ins Tal hinab absenkte. Daher hätte ich sehr leicht vorwärts kommen müssen, doch das Gegenteil war der Fall. Und je weiter ich der Prozessionsstraße nach

Einer der mächtigen Monolithen von Avebury

unten folgte, um so deutlicher fühlte ich meine Erschöpfung; am Ende der »Avenue« blieb ich ziemlich außer Atem stehen – und dann, als ich mich ein wenig erholt hatte, wurde mir klar, wie ich wieder zu Kräften kommen konnte.

Entlang der anderen Steinreihe folgte ich der Prozessionsstraße nun wieder bergan, und je weiter ich kam, desto leichter fiel mir der Aufstieg. Zuletzt, als ich an meinen Ausgangspunkt zurückgekehrt war, fühlte ich mich so frisch wie zu Beginn meiner kleinen Wanderung, und ich wusste auch, warum dies so war.

Trotzdem machte ich die Probe aufs Exempel, indem ich die »Avenue« jetzt noch einmal abschritt; diesmal allerdings im Zickzack zwischen den Menhiren. Bei jedem Stein blieb ich stehen und befragte ihn geistig, ob er mit oder gegen den Sonnenlauf umkreist werden wollte; nachdem ich die Antwort erhalten hatte, tat ich, was der Megalith verlangte, und dabei stellte sich heraus: Sämtliche Steine der Reihe, an der entlang ich bergab gegangen war, verlangten die Umschreitung mit dem Sonnenlauf, was bedeutete, dass sie »rechtsdrehend« waren und damit Energie von mir abzogen. Die Menhire der anderen Reihe hingegen, die ich beim Gehen bergauf passiert hatte, waren allesamt »linksdrehend«; sie schenkten mir damit Energie. Und deshalb war ich auf meinem Weg hinunter ins Tal müde geworden und hatte mich auf dem Rückweg bergan wieder erholt.

Der »positive« oder »negative« Energiefluss war allerdings nicht wirklich von den Steinsetzungen ausgegangen; die Energieflüsse wurzelten vielmehr in der Erdtiefe. Die Steinmale markierten die Energiestellen lediglich, wobei die Betonmonolithen ebenso gut funktionierten wie die prähistorischen Menhire – und was am Ende meines Experiments meinen persönlichen Energiehaushalt betraf, so fühlte ich mich jetzt sehr im Gleichgewicht, denn mein Zickzack-Weg zwischen den Steinpaaren und damit zwischen den »positiven« und »negativen« Energiepunkten hatte meinen Körper und meinen Geist perfekt ausbalanciert.

Nach meinen Begehungen der »Avenue« versuchte ich mir vorzustellen, was einst auf der Sakralstraße geschehen war, und bald schwebten Bilder heran.

Ich sah einen Trauerzug, der sich entlang der »rechtsdrehenden« Menhire vom großen Steinheiligtum aus talwärts bewegte, und mit jedem Monolithen, an dem der Verstorbene auf seiner Bahre vorbeikam, beruhigte sich sein zunächst noch irritierter Geist und verband sich inniger mit dem Wesen der Leben und Tod behütenden Göttin. Ich sah aber auch, wie ein Hochzeitspaar entlang der »linksdrehenden« Steinreihe in Kreisschwüngen tanzte und so von heiliger Zeugungskraft erfüllt wurde, und dann sah ich, wie eine Heilerin mit einem Kranken im Zickzack zwischen den Menhiren hin und her ging.

Schließlich wanderte ich zum großen Steinrund zurück und suchte die Blickachse, die über die beiden Zugänge der mächtigen Wallanlage verläuft. Und als ich zur nordöstlichen Wallkerbe schaute, wusste ich: Exakt in der Verlängerung meiner Blickrichtung erhob sich vor Millennien dic Sonne am Morgen des Mittsommertages.

Als die »Avebury Rings« noch unzerstört waren, wurden sie jedoch bestimmt auch anderweitig für astronomische Beobachtungen genutzt – ebenso aber hatten die drei Steinkreise und die Prozessionsstraße einen starken Bezug zum Tod (und damit nach paganer Gewissheit zur Wiedergeburt). Die »Avenue« nämlich ist, wie wir bereits wissen, auf die Totenstätten von East und West Kennet ausgerichtet – und zu diesen beiden dunklen Sakralorten begeben wir uns im folgenden Kapitel.

* * *

Ausgangspunkt für einen Besuch von Avebury ist am besten die Stadt Marlborough (Grafschaft Wiltshire), die etwa 15 Kilometer östlich liegt. Von dort aus sind die »Avebury Rings« über die A4 (Bath Road) gut zu erreichen. Wenn Avebury über die nördlich verlaufende Autobahn M4 angefahren werden soll, nimmt man die Abfahrt nach Chiseldon und fährt dann auf der A346 nach Marlborough. – Einen Großparkplatz gibt es ganz in der Nähe der frei zugänglichen Megalithanlage.

EAST UND WEST KENNET

Hier gingen die Toten realiter in den Schoß der Göttin ein

Die Totenstätten von East und West Kennet sind nach den in ihrer Nähe liegenden Dörfern benannt; das große Ganggrab von West Kennet ist auch als »West Kennet Long Barrow« (»Langer Grabhügel von West Kennet«) bekannt. Ehe wir aber diese Nekropole besuchen, begeben wir uns zunächst zum »Sanctuary«, zum neolithischen Totenheiligtum von East Kennet.

Vor fünftausend Jahren brauchte dieser Sakralort den Größenvergleich mit dem Stonehenge nicht zu scheuen. Das »Sanctuary« besaß eine ähnlich imposante Ausdehnung; seine ringförmigen Bauten bestanden aber nur zum Teil aus Menhiren, ansonsten aus Holz. Und im Inneren des kreisförmigen Heiligtums wurden über Jahrhunderte hinweg die Verstorbenen aus dem Umland niedergelegt, denn das »Sanctuary« diente dazu, die Gebeine der Toten vom vergänglichen Fleisch zu befreien.

Wahrscheinlich, so die Meinung der meisten mit East Kennet vertrauten Archäologen, wurden die Verstorbenen nach ihrem Hinscheiden zunächst zu den Avebury Rings gebracht, wo vermutlich erste Totenrituale stattfanden. Danach trug man die Leichen über die »Avenue« zum relativ nahen »Sanctuary«, wo man sie nach weiteren Ritualen der Verwesung überließ. Es ist unklar, ob die Körper der Toten in provisorischen Erdgräbern, die lediglich einer Erstbestattung dienten, oder unter freiem Himmel, vielleicht wie bei manchen Indianerstämmen auf Holzgestellen, verwesten. Tatsache ist jedoch, dass die entfleischten Gebeine später und sicher im Rahmen abermaliger Rituale ein zweites Mal bestattet wurden.

Dies geschah entweder in einem Ganggrab unter einem langgestreckten Erdhügel südlich des heutigen Dorfes East Kennet oder im oben bereits erwähnten »West Kennet Long Barrow«. Diese Nekropole liegt, von East Kennet aus gesehen, wieder ein Stück in Richtung Avebury, und auch zu ihr wurden vom »Sanctuary« aus, dessen ehemalige Steinsetzungen und Holzbauten heute nur noch durch Betonpoller markiert sind, die Totengebeine getragen.

In der dunklen Tiefe der genannten Ganggräber wurden die Gebeine sodann endgültig beigesetzt – und speziell ein Besuch des »West Kennet Long Barrow« erlaubt einen faszinierenden Einblick in die spirituelle Vorstellungswelt der paganen Menschen, welche die Totenstätten von East und West Kennet errichteten und über lange Zeiträume hinweg nutzten.

Man erreicht den »Long Barrow« über einen sachte ansteigenden Fußpfad, der zwischen Weideflächen verläuft, wo Rinder oder Schafe grasen. Auch einen »Wish Tree« gibt es an einer Stelle dieses bukolischen Weges: einen Wunschbaum, an dessen Ästen kleine Opfergaben hängen; bescheidene Gaben, die mit der Bitte um eine Wunscherfüllung dargebracht wurden. Schließlich, am höchsten Punkt der sanften Anhöhe, steht man vor dem großen, ungefähr hundert Meter langen

Das Zugangsportal von »West Kennet Long Barrow«

Erdwerk des »Long Barrow«. Es handelt sich um einen künstlichen Hügel in schmaler Trapezform, und an seinem östlichen Ende befindet sich der Zugang zu seinen inneren Kammern.

Gewaltige Monolithen erheben sich dort wie Wächter und bilden zugleich einen Vorhof der Totenstätte, wo bereits eine entrückte, halb andersweltliche Stimmung herrscht. Und wenn man dann zwischen sehr viel enger stehenden Steinen in den »Long Barrow« eintritt, verliert die Außenwelt vollends ihre Bedeutung.

Im Zwielicht erkennt man schon bald nach der Eingangspforte links und rechts je eine Seitenkammer. Danach geht es ein Stück vorwärts, bis rechter und linker Hand zwei weitere Kammern auftauchen. Wiederum ein paar Schritte weiter mündet der Mittelgang in eine die Grabanlage abschließende Rundkammer – und spätestens hier begreift man: Die Innenräume des jungsteinzeitlichen Grabes bilden einen weiblichen Körper nach: den Leib der Großen Muttergöttin.

Vom Vorhof aus gelangt man durch die Vagina der Göttin zu ihren Beinansätzen, danach zu den Armansätzen und am Ende zu ihrem Haupt. Und spirituell gesehen befindet man sich im behütenden, alles Leben schenkenden, es am Ende in sich zurücknehmenden und es

Im Inneren des Ganggrabes von West Kennet. Die Innenkonstruktion des Grabes symbolisiert den Leib der Großen Göttin.

erneut gebärenden Körper der Muttergöttin: der Herrin über Geburt, Tod und Wiedergeburt.

Die neolithischen Erbauer des Ganggrabes ermöglichten ihren Verstorbenen sowie den Toten vieler darauffolgender Generationen also eine sehr innige Verbindung mit der Großen Göttin. Wenn die Gebeine eines Verstorbenen in einer der Grabkammern niedergelegt worden waren, dann befanden sie sich damit quasi wieder im Inneren, im Schoß der Göttin, aus dem heraus sie einst ins irdische Leben eingetreten waren – und weil sie nach ihrem Tod in den ewig fruchtbaren Leib der Göttin heimgekehrt waren, konnten sie, nachdem sie über anderweltliche Pfade gewandert waren, in der Diesseitswelt wiedergeboren werden.

Wie selbstverständlich begreift man dies, wenn man sich im Ganggrab von West Kennet aufhält, und angesichts dessen fungieren die jungsteinzeitlichen Priester, welche die Grabanlage einst konzipierten, noch nach Jahrtausenden als weise Lehrer für uns Heutige. Mit Hilfe einer sehr klaren, zeitlosen Symbolsprache zeigen sie uns den Weg auf, den wir von Dasein zu Dasein zu Dasein beschreiten.

So können die Besucher des »Long Barrow« tiefe metaphysische Erkenntnis gewinnen – sofern sie danach aber den ganz in der Nähe des Ganggrabes aufragenden »Silbury Hill« besuchen, wird ihnen einiges Rätselraten nicht erspart bleiben.

* * *

Die Totenstätten von East und West Kennet liegen nur wenige Autominuten von Avebury entfernt. Man verlässt Avebury auf der A4361 in westlicher Richtung und fährt bis zum Kreisverkehr in Beckhampton. Dort nimmt man die erste Ausfahrt auf die A4 und fährt auf dieser Straße nach Osten weiter. Bald passiert man den links der Straße liegenden »Silbery Hill«; kurz danach sieht man am rechten Straßenrand einen Lay-By, eine Haltebucht für PKWs. Dort kann man parken, und anschließend folgt man vom Lay-By aus (an einer Farm vorbei) einem Feldweg bergan, der zum »West Kennet Long Barrow« führt.

Um zum »Sanctuary« von East Kennet zu gelangen, fährt man vom Lay-By aus weiter ins Dorf West Kennet hinein, passiert den Ort sowie etwas später eine Abzweigung rechter Hand und kommt dann gleich zu einem Sträßchen, das links abzweigt. Im Abzweigungsbereich kann man parken, und auf der anderen Seite der Hauptstraße liegt das »Sanctuary«, von dem aus südlich in einiger Entfernung und jenseits des Dorfes East Kennet der langgestreckte Hügel des örtlichen Ganggrabes sichtbar ist. Frei zugänglich ist diese Grabstätte im Gegensatz zum »Sanctuary« und zum »West Kennet Long Barrow« allerdings nicht.

SILBURY HILL

Die Sage vom König mit dem goldenen Pferd

Der von Menschenhand errichtete und fast vierzig Meter hohe pyramidenförmige Hügel, der eine Fläche von etwa zwanzigtausend Quadratmetern bedeckt, ist sowohl von den Avebury Rings als auch von den Kennet-Totenstätten aus zu sehen. Majestätisch erhebt sich die grasbewachsene Anhöhe über saftigem Weideland – und eine örtliche Sage weiß über sie zu erzählen: »Silbury« sei die letzte Ruhestätte eines Königs aus uralter Zeit mit dem Namen Sil. Tief im Hügelinneren sei er bestattet worden, und in seinem Grab befände sich eine goldene Figur von ihm, die auf einem goldenen Pferd reite. Und ebenso berichten örtliche Legenden, man habe auf oder bei der Anhöhe einst einen Kronreif sowie einen Kristallpokal gefunden.

Angesichts dieser Geschichten war es kein Wunder, dass der »Silbury Hill« oft Schatzgräber, aber auch Wissenschaftler anzog; so berichtet beispielsweise der englische Geschichtsforscher William Stukeley (1687 – 1765), dass Anno 1723, als auf der Hügelkuppe Bäume gepflanzt wurden, ein menschliches Skelett und ein Pferdezaumzeug ausgegraben wurden.

Dieser Fund sowie die Auffindung des Kronreifs und des Pokals könnten mit der Sage von König Sil zusammenhängen. Vielleicht reichte die von Stukeley erwähnte Grabstätte auf dem »Silbury Hill« in eine Zeit zurück, als in Britannien noch Stammeskönige herrschten, und der Bestattete, dem man den Pferdezaum (und eventuell auch den Kronreif und das Trinkgefäß) mit ins Grab gegeben hatte, könnte dann ein frühmittelalterlicher sächsischer oder womöglich auch ein antiker keltischer Stammesfürst gewesen sein. Falls der Tote aber aus einer dieser Epochen stammte, dann wäre er sehr lange nach der Errichtung des »Silbury Hill« auf dessen Kuppe beigesetzt worden, denn der riesige Hügel wurde bereits im Neolithikum aufgeschüttet.

Eine erste gezielte Prospektion wurde im Jahr 1776 durchgeführt. Bergleute, die man extra aus Cornwall geholt hatte, gruben vom Gipfelplateau aus einen senkrechten Schacht in den »Silbury Hill«; sie machten aber keinerlei relevante Funde. Weitere Schachtgrabungen, die vom Hügelfuß aus horizontal vorangetrieben wurden, fanden 1848, 1867 und 1886 statt, doch auch sie blieben praktisch ergebnislos.

In der Zeit von 1968 bis 1970 konnte der britische Archäologe Richard J. C. Atkinson im Rahmen einer umfangreichen Grabungskampagne einen bedeutenden wissenschaftlichen Erfolg verbuchen. Er und seine Crew fanden heraus, dass der »Silbury Hill« in der Mitte des dritten vorchristlichen Jahrtausends zunächst in Form einer Stufenpyramide aufgeschüttet worden war, und danach hatte man die stufenförmige künstliche Anhöhe durch Aufbringen einer weiteren äußeren Erdschicht zu einem Hügel mit glatten Flanken umgeformt. Größere archäologische Funde machte aber auch Atkinson nicht, weshalb nach Abschluss der Grabung weiterhin über den sakralen oder sonstigen Hintergrund des »Silbury Hill« gerätselt wurde.

Im Jahr 2002 führte die Denkmalpflege-Behörde »English Heritage« eine neue Ausgrabung durch. Dabei wurde ein Hirschgeweihfragment entdeckt, das im Neolithikum als Hacke benutzt worden war. Und die Radiokarbondatierung dieses Fundes erlaubte eine präzisere Festlegung der Erbauungszeit des künstlichen Hügels, als sie Atkinson gelungen war: Die Geweihhacke war zwischen 2490 und 2340 v. d. Z. in Gebrauch gewesen.

Zu Beginn des dritten Jahrtausends konnten die Archäologen noch zusätzliche Erkenntnisse über den »Silbury Hill« gewinnen. Sie stellten fest, dass der Hügel in der Jungsteinzeit von einem Wassergraben umgeben war, der später verlandete. Auch wurde bei der Anhöhe eine große römische Ansiedlung nachgewiesen, und auf der Hügelkuppe gab es im elften Jahrhundert, also zu jener Zeit, da das angelsächsische England von den Normannen erobert wurde, eine sächsische Ringwallfestung.

Der »Silbury Hill«, in den vor Jahrtausenden Erde aus verschiedensten Landesteilen Britanniens eingebracht wurde und der deshalb vielleicht das Urbild des »Runden Tisches von Camelot« ist.

Dies alles zeigt: Nachdem der »Silbury Hill« im Neolithikum aufgeschüttet worden und danach über viele Generationen hinweg eine zweifellos sehr wichtige Örtlichkeit in der Nähe der Avebury Rings gewesen war, scheint er irgendwann wieder an Bedeutung verloren zu haben. Denn es kamen bei den Ausgrabungen zwar jungsteinzeitliche und auch einige bronzezeitliche Relikte zutage, jedoch keine Gegenstände aus der späteren eisenzeitlichen Epoche; der keltisch geprägten Zeit Britanniens.

Dann freilich, bald nach der christlichen Zeitenwende, gab es fremdartiges römisches Leben am Fuß des mächtigen Hügels. Handwerker, Bauern und Händler des Imperium Romanum bevölkerten die Ansiedlung; manchmal werden auch Legionäre durch den Ort beim »Silbury Hill« gezogen sein. Und wiederum Jahrhunderte später verschanzten sich sächsische Krieger mit ihren Hiebschwertern und Kampfäxten auf dem Hügelplateau; vielleicht Gefolgsleute des letzten Sachsenkönigs Harald II., der sein Reich Anno 1066 an William den Eroberer verlor.

Allem Anschein nach gab es in den darauffolgenden Epochen keine Okkupation des »Silbury Hill« mehr, und heutzutage sind auf dem uralten Hügel nicht einmal Wanderer zu sehen, denn seit dem Jahr 2002 ist es aus Denkmalschutzgründen verboten, die Anhöhe zu betreten.

1996, als ich den »Silbury Hill« erstmals besuchte, wäre es noch möglich gewesen, den Hügel zu besteigen. Ich wanderte damals von Avebury her auf die Anhöhe zu und war von ihrer klaren, pyramidenförmigen Silhouette fasziniert. Anfangs hatte ich durchaus vor, den Hügel zu erklimmen – doch als ich bis auf einige hundert Meter an ihn herangekommen war und bei einer Baumgruppe stehenblieb, um zu rasten, veränderte sich meine Intention. Während ich auf den »Silbury Hill« schaute, hatte ich das Empfinden, dass ich besser still meditieren sollte, statt weiterzugehen. Daher setzte ich mich bei einem Baum nieder, versenkte mich in die Betrachtung des Hügels, über dem lichte Wolken dahintrieben – und hatte irgendwann eine Art Vision.

Es war, als würde eine Welle von tiefem und zugleich machtvollem Frieden vom »Silbery Hill« heranströmen; eine starke, heilsame Kraft, die von nicht weniger starkem und edlem menschlichen Willen erzeugt und getragen wurde. Und diese Macht erfüllte alles Land, das ich sah, und erfüllte die britannische Landschaft weit, weit, weit darüber hinaus; schenkte Britannien tiefe Geborgenheit in der Umarmung der göttlichen Mutter Erde.

Schließlich verebbte die Vision wieder; sie schien sich in den Hügel zurückzuziehen, und intuitiv wusste ich: Es wäre ein Irrweg gewesen, zum Gipfel des »Silbury Hill« hinaufzuklettern. Denn nicht dort oben war Erkenntnis zu erlangen, vielmehr lag sie unter der Grasnarbe der Anhöhe verborgen.

So viel begriff ich an jenem Tag, und als ich zurück in Bayern war und mich in diverse Schriften über den rätselhaften Hügel vertiefte, fand ich im Buch »Das magische Wissen der Druiden« von Ross Nichols den folgenden hochinteressanten Satz: »Ausgrabungen bei Silbury haben erbracht, dass dort etwa zwölf verschiedene Bodentypen aus ebenso vielen verschiedenen entfernten Gebieten Britanniens segmentförmig in einem Kreis nebeneinander liegen.« Und dann folgte eine Vermutung von Nichols, wonach diese Segmente »symbolische Erdopfer aus halb Britannien« gewesen sein könnten.

Der Zweck dieser paganen Opfergaben aber lässt sich leicht verstehen: Wenn Erden aus unterschiedlichen britannischen Gegenden in den »Silbury Hill« eingebracht und so miteinander verbunden wurden, dann sollten auch die menschlichen Bewohner der betreffenden Landesteile – die Sippen oder Stämme des Neolithikums – zu einem gemeinsamen Ganzen vereinigt werden. Der Hügel hatte also die sakrale Funktion, den vorgeschichtlichen Britanniern das Bewusstsein ihrer Gemeinschaftlichkeit zu vermitteln und dadurch für Frieden unter den einzelnen Bevölkerungsgruppen zu sorgen.

Der »Silbury Hill« war also quasi ein Miteinander-Heiligtum der jungsteinzeitlichen Menschen Britanniens, deren gleichberechtigtes Verflochtensein auch durch die kreisförmige Anordnung der Erdsegmente im Hügelinneren symbolisiert wurde. Und daraus ergibt sich eine ganz bestimmte Assoziation. Denn in den Mythen um König Arthur ist ja ebenfalls von einem starken verbindenden Rund die Rede: von der berühmten »Tafelrunde«.

Könnte also im »Silbery Hill« auch die Ur-Idee für den »Runden Tisch« von Camelot stecken? Und könnte ein archäologisch nachgewiesener Hain in der historischen Festung Arthurs, die wir in einem anderen Kapitel dieses Buches kennenlernen werden, aufgrund dieser Idee gepflanzt worden sein? Diese Fragen sind durchaus legitim, und bei einigem Nachdenken steigern sie die Faszination des uralten Sakralhügels noch.

Im Zusammenhang mit dem sagenhaften Vorzeitkönig Sil stellt sich noch eine weitere Frage: Könnten die goldene Herrscherfigur und das goldene Pferd der Legende womöglich auf zwei keltische Gottheiten verweisen? Ausschließen lässt sich dies nicht, denn der Sonnengott, der bei den Kelten unter anderem Lugh oder Belenos hieß, wurde oft mit Gold in Verbindung gebracht, und eine andere keltische Gottheit, die Göttin Epona oder Rhiannon, wurde als Reiterin oder auch als Stute dargestellt. Und daher könnten am »Silbury Hill«, vielleicht in der Zeit der keltischen Hochkultur, auch Rituale zu Ehren des Sonnengottes und der Pferdegöttin stattgefunden haben.

Auch dies ist natürlich Spekulation – gesichert ist hingegen, dass der Sakralhügel ebenso wie die Totenstätten von East und West Kennet und die Avebury Rings Teil einer heiligen Landschaft ist, die sich zwischen Avebury und dem Stonehenge erstreckt. Auf diesem riesigen sakralen Areal finden sich zahlreiche weitere spirituell aufgeladene Stätten wie Grabhügel, Menhire oder Heilquellen aus heidnischer Zeit – und wer sich diese pagane Sakrallandschaft erwandert, wird dank uralter Metaphysik überreich beschenkt werden.

* * *

Wie man den »Silbury Hill« von Avebury aus erreicht, wurde bereits am Ende des vorherigen Kapitels beschrieben. Am Ziel gibt es einen Parkplatz mit sehr gutem Blick auf den Sakralhügel.

MAIDEN CASTLE

Eine gigantische Festung des Stammes der Durotrigen

Von Osten her waren die römischen Legionäre ins Stammesgebiet der Durotrigen einmarschiert; Tausende schwerbewaffneter und kampferfahrener Männer, welche den Befehl hatten, den Keltenstamm zu unterwerfen. Während ihres Vormarsches hatten die Römer zahlreiche aus ihren Dörfern verjagte Durotrigen vor sich hergetrieben; Hunderte von verstörten Keltenfamilien, die angesichts der brutalen Aggression der fremdartigen Krieger nur noch eine Hoffnung hegten: Schutz in der stärksten Ringwallfestung ihres Volksstammes zu finden.

Endlich waren die mächtigen Erdwälle mit ihren Palisadenkronen vor den Flüchtlingen aufgetaucht; einen ganzen Tag über hatten sich sodann die nach und nach bei der Festung ankommenden Menschen ins Innere der gewaltigen Wallanlage gerettet. Teils waren sie in der aus Eichenbalken errichteten Großen Halle des Stammeskönigs untergekommen; teils hatten sie notdürftige Unterkünfte in den Rundhäusern der ortsansässigen Stammeskrieger sowie der vielen in der Ringburg lebenden Eisenschmiede und Metallhändler gefunden, und diejenigen, für die kein Platz mehr unter irgendeinem Dach verfügbar gewesen war, hatten sich so gut wie möglich auf den Wiesenflecken und bei den Viehpferchen der Hügelfestung eingerichtet.

Am nächsten Morgen dann waren die römischen Kampfverbände am Horizont aufgetaucht. Langsam hatten sich die Kohorten der östlichen Toranlage der Hügelfestung genähert und waren zuletzt ein Stück außer Bogenschussweite zum Stehen gekommen. Ein Offizier aber war, von vier Legionären begleitet, bis an den äußersten Torwall herangeritten und hatte nach einer Unterredung mit dem Stammeskönig verlangt. Der Herrscher des Volksstammes war darauf eingegangen, doch nachdem der Römer sich dazu verstiegen hatte, die bedingungslose Kapitulation der Kelten zu fordern, hatte der Durotrigenkönig ihm empört erklärt: »Wir Britannier werden uns euch mörderischen und räuberischen Hunden nicht beugen! Wir werden unser Land todesmutig gegen euch verteidigen! Und nun kommt und holt euch tödliche Wunden vor unseren starken Wällen!«

Wenig später hatte der Kampf begonnen und hatte bis zum Nachmittag getobt. Mit großer Tapferkeit hatten sich die Kelten gegen die Legionäre verteidigt; letztlich aber, weil die Römer gnadenlos ihre Kriegsmaschinen eingesetzt hatten, waren die Durotrigen ihren Feinden unterlegen. Die Wälle am Osttor der Ringwallfestung waren von den Legionären gestürmt worden; unmittelbar darauf waren die Römer massenhaft in die Festung eingedrungen – und in der Folge war es zu einem Massaker unter den Durotrigen gekommen.

So ungefähr könnte es gewesen sein, als in der Mitte des ersten nachchristlichen Jahrhunderts die stärkste Hügelfestung des süd-

Die Erdwälle, welche die Königsfestung der Durotrigen schützten, machen noch immer einen gigantischen Eindruck. In alter Zeit waren sie zusätzlich durch Palisaden verstärkt.

Die Luftaufnahme zeigt, wie riesig die Ringwallanlage ist.

britannischen Keltenstammes der Durotrigen von römischen Legionären erobert wurde. Und dass es dabei zu schweren Kämpfen bei der östlichen Toranlage der Festung kam, ist archäologisch nachgewiesen. Bei Ausgrabungen im zwanzigsten Jahrhundert wurden beim Osttor von »Maiden Castle«, wie die mächtige Ringwallanlage heute genannt wird, zweiundfünfzig Skelette von Kelten aus der fraglichen Zeit freigelegt; vierzehn dieser Gerippe wiesen tödliche Kriegsverletzungen auf, und in der Wirbelsäule eines Durotrigen steckte noch die Spitze eines Pilums: eines römischen Wurfspießes.

Die im Kampf gefallenen Kelten wurden wohl gleich dort bestattet, wo sie ums Leben gekommen waren, und wahrscheinlich liegen beim östlichen Festungstor noch viele weitere Skelette, denn es fanden bislang erst auf der Hälfte des Torareals Grabungen statt. Insgesamt könnten also allein beim Osttor um die hundert Verteidiger der durotrigischen Königsfestung gestorben sein – und anderswo bei den Ringwällen könnten sich ebenfalls noch unentdeckte Massengräber befinden.

Trotzdem geht von »Maiden Castle« keine schaurige Ausstrahlung aus. Die jahrtausendealte Festungsanlage fasziniert vielmehr durch ihre gewaltige Ausdehnung und ihre noch immer gigantisch anmutenden Wälle und Gräben.

Dabei beginnt die Geschichte der Hügelfestung recht bescheiden mit einer kleinen neolithischen Wehranlage, in deren Innerem später einige bronzezeitliche Grabhügel aufgeschüttet wurden. Erst um das Jahr 600 v. d. Z. entstand eine erste Ringburg, die aber noch nicht viel mehr als einen Erdwall und einen Graben besaß. Etwa 450 v. d. Z., nun schon unter keltischer Ägide, wuchs die Hügelfestung auf das Dreifache ihrer früheren Größe an und bedeckte jetzt eine Fläche von fast zwanzig Hektar. Auch schufen die Kelten in den letzten vorchristlichen Jahrhunderten die teils vierfach gestaffelten Wall- und Grabenwerke von »Maiden Castle«; ebenso errichteten sie je eine Zangentor-Anlage im Osten und Westen der Ringburg. Damit war »Maiden Castle« zu Beginn der christlichen Zeitrechnung die stärkste Festung der in der Region ansässigen Durotrigen und damit deren Königssitz; im Schutz der mit Palisaden gekrönten Wälle wurde aber auch Eisen verhüttet und blühte keltisches Schmiedehandwerk – bis, irgendwann zwischen den Jahren 43 und 45, der brutale Angriff der Römer erfolgte.

Als ich nach »Maiden Castle« kam, schaute ich zunächst wie gebannt auf die himmelstürmenden Erdwälle, die eine Höhe bis zu fünfundzwanzig Metern erreichen. Lange ließ ich ihre gewaltige Macht auf mich wirken, dann ging ich zum westlichen Zangentor der Keltenfestung hinauf. Ich erkannte, wie raffiniert die Torbastion angelegt worden war; ihr labyrinthischer Wallverlauf hatte einst dafür gesorgt, dass Angreifer, an welcher Stelle der Bastion auch immer sie sich befanden, stets von drei Seiten unter Beschuss genommen werden konnten.

Fast hatte ich Mühe, den Weg durch den Torbau zu finden; als ich es geschafft hatte, erklomm ich den innersten Festungswall und folgte ihm zuerst nach Süden und dann, als er umbog, nach Osten. Links von mir lag nun das weite, grasbewachsene Areal, wo einstmals die Königshalle, die strohgedeckten Rundhäuser, die Öfen zur Erzschmelze und die Schmieden gestanden hatten; rechter Hand konnte ich auf die parallel verlaufenden, aber etwas tiefer liegenden äußeren Wallzüge der Hügelfestung mit ihren Trennschluchten hinabblicken.

Nach einer halben Stunde Fußmarsch – der ganz außen liegende Ringwall von Maiden Castle ist ungefähr dreieinhalb Kilometer lang, und die inneren Wälle stehen ihm nicht viel nach – erreichte ich das östliche Zangentor: die Begräbnisstätte der vielen gefallenen Keltenkrieger. Diese Torbastion war einst etwas bescheidener als ihr westliches Gegenstück konstruiert worden, und daher hatten die Römer wohl auch hier angegriffen.

In bedrückter Stimmung setzte ich mich auf einen Erdbuckel und malte mir aus, wie verzweifelt die Durotrigen um ihre Freiheit und ihre Identität gekämpft hatten und wie bitter die Niederlage gegen die brutale römische Militärmacht für die Überlebenden gewesen war. Geraume Zeit gab ich mich meiner Trauer hin und hielt auch geistige Zwiesprache mit den Kriegern, die im Freiheitskampf gefallen waren; schließlich ging ich auf der Wallkrone weiter, nun zurück nach Westen.

Nach einigen hundert Metern erspähte ich im Inneren des Festungsareals die Steinfundamente eines rechteckigen Gebäudes, und als ich den Platz aufsuchte, wurde mir klar: Ich stand vor den Überresten eines keltoromanischen Tempels aus der Mitte des vierten Jahrhunderts. Und aus der Literatur über »Maiden Castle« wusste ich noch mehr: Archäologen hatten das Bauwerk historisch einordnen können, weil unter dem Mosaikfußboden des Tempelgebäudes ein römischer Münzhort entdeckt worden war: eine Opfergabe aus der genannten spätantiken Zeit.

Lange existierte der Tempel allerdings nicht. Im späten vierten Jahrhundert, als sich das Christentum im Imperium Romanum als alleinige Staatsreligion durchsetzte, wurde das pagane Heiligtum geschlossen und verfiel zur Ruine. Und Ähnliches geschah in der einstigen durotrigischen Königsfestung, der stärksten Wehranlage des südbritannischen Keltenstammes.

Zunächst, nachdem die Legionäre sie erstürmt hatten, diente sie vielleicht noch über einige Generationen hinweg als römisches Militärlager. Danach, als die Durotrigen zivile Bürger in der nur drei Kilometer entfernten keltoromanischen Ansiedlung Durnovaria, dem Vorläuferort der heutigen Stadt Dorchester, geworden waren, wurde das Legionärslager hinter den Wällen der Hügelfestung nicht mehr benötigt. Und auch nach dem Abzug der Römer aus Britannien im frühen fünften Jahrhundert wurde »Maiden Castle« nie wieder besiedelt;

Jahrhundert um Jahrhundert lagen die gewaltigen Wall- und Grabenanlagen still da; nur Pferde, Rinder oder Schafe grasten dort noch, und dies ist bis auf den heutigen Tag so geblieben.

Zum Abschied von »Maiden Castle« noch ein Tipp: Etwa zwanzig Autominuten nördlich der Ringwallfestung liegt das Dorf Cerne Abbas mit seiner Hangfigur des »Cerne Abbas Giant«. Es handelt sich um eine 55 Meter große und nackte Männergestalt; der Penis des »Giant« ist stramm erigiert, und in der Rechten hält der Riese eine wie zum Schlag erhobene Keule.

Über das Alter und die Bedeutung dieser heidnischen Figur wurde viel gerätselt. Schriftlich erwähnt wurde der »Giant« erstmals Anno 1694, was aber nichts über sein Alter aussagt. Am wahrscheinlichsten ist aufgrund der Symbolsprache der Hangfigur eine keltische Herkunft. Die historischen Inselkelten kannten nämlich einen Gott namens Dagda, der mit seiner Keule einerseits tötete, den von ihm Erschlagenen jedoch andererseits neues Leben schenkte. Und exakt das drückt der »Cerne Abbas Giant« auch aus: Zum einen erhebt er die Kriegskeule, zum anderen präsentiert er sein zeugungsfreudiges Glied.

* * *

»Maiden Castle« liegt in der Grafschaft Dorset und dort ein Stück südlich der Stadt Dorchester. Von Dorchester aus erreicht man die Ringwallfestung entweder über die A354 in Richtung Winterborne Monkton, in dessen Nähe es Parkplätze für Leute gibt, die nach »Maiden Castle« wandern wollen. Man kann vom südwestlichen Stadtrand Dorchesters aber auch auf der Maiden Castle Road zur frei zugänglichen Hügelfestung fahren und einen Parkplatz direkt bei ihr nutzen.

Um von Dorchester aus nach Cerne Abbas zu gelangen, benutzt man am besten die A352 in Nordrichtung. Am Ende der Duck Street in Cerne Abbas (die Straße befindet sich am nördlichen Ortsrand) gibt es einen Aussichtsplatz, der einen perfekten Blick auf den »Giant« erlaubt.

KNOWLTON

Wo die Kirchenruine im heidnischen Henge steht

Im Grunde verdanke ich es einem getöteten Normannenkönig, dass ich Knowlton mit seinen verschiedenen Sakralstätten entdeckte. Denn eigentlich war ich unterwegs, um den »New Forest« zu erkunden: ein riesiges Waldgebiet mit sehr alten Bäumen und einer reichhaltigen Tierwelt, das sich zwischen Salisbury, Southampton und Bournemouth erstreckt.

Im elften Jahrhundert, schon bald nachdem er England erobert hatte, erklärte der Normannenkönig William I. diese südenglische Region zum Königsforst, wo nur er und seine Adligen das Jagdrecht besaßen. Der Monarch hatte also ein neues privilegiertes Waldgebiet

Typisch für den »New Forest«: freilaufende Pferde (und andere Großtiere) sowie sehr alter Waldbestand.

geschaffen, weshalb der Königsforst nun »New Forest« genannt wurde. Doch die feudale Okkupation der Waldregion brachte der von William begründeten Herrscherdynastie kein Glück. Denn am 2. August des Jahres 1100 kam Williams Sohn und Thronfolger William II., auch Rufus genannt, auf tragische Weise im »New Forest« ums Leben.

Zusammen mit einer Schar von Rittern hielt sich William II. dort zur Jagd auf. In deren Verlauf wurden er und ein Burgherr namens Walter Tyrell von den übrigen Adligen getrennt und pirschten allein weiter. Und dann, als ein Hirsch nahe am König vorbeilief, tat Tyrell einen furchtbaren Fehlschuss: Sein Jagdpfeil tötete nicht das Wildtier, sondern den Monarchen.

Der Platz, wo sich der tragische Unfall ereignete, wird bis heute gezeigt, und natürlich wollte ich den Ort sehen. Auf dem Weg dorthin über schmale Straßen begegneten mir – typisch für den »New Forest« – freilaufende Pferde, Schafe und Rinder; einmal auch ein Schweinerudel. Schließlich gelangte ich zu der Stätte, wo nach der Volksüberlieferung der Pfeil abgeschossen worden war, und dort verweilte ich im Schatten einer mächtigen Eiche längere Zeit am »Rufus Stone«: einer dreieckigen Eisenstele, die einen älteren Gedenkstein aus dem Jahr 1745 umschließt und deren seitliche Inschriften an den Tod und die Todesumstände Williams II. erinnern.

Diese Stele markiert den Ort, wo nach der Volksüberlieferung König William II., genannt Rufus, starb.

Es war ein beeindruckendes Erlebnis, an einem Platz zu stehen, wo ein König gestorben war; was ich fühlte, lässt sich allerdings nicht mit der tiefen Trauer vergleichen, die ich empfand, als ich später in meinem Leben das Schlachtfeld von Camlann betrat, wo der Keltenkönig Arthur gefallen war. Irgendwann verließ ich den »Rufus Stone« wieder, um in

Die Kirchenruine von Knowlton und der sie umgebende Erdwall des jungsteinzeitlichen Henge

seiner Umgebung zwischen oft jahrhundertealten Laubbäumen und Weidetieren umherzuwandern; zuletzt dann verspürte ich plötzlich Lust, einfach ins Blaue hinein weiterzufahren – und so kam es, dass ich die eingangs erwähnten Sakralstätten von Knowlton entdeckte.

Langsam, mich immer wieder an der südenglischen Parklandschaft erfreuend, lenkte ich mein Auto nach Westen, passierte die Orte Ringwood und Wimborne Minster, wandte mich von dort aus nach Norden – und erblickte links der Straße auf einmal eine eher kleine Kirchenruine. Auf einem Seitenweg gelangte ich nahe an sie heran; ich parkte meinen Wagen – und als ich ausstieg, sah ich, dass die Ruine inmitten eines Ringwalls stand: einer Henge-Anlage, wie ich sofort vermutete.

Darin hatte ich mich nicht getäuscht; eine Informationstafel schenkte mir Gewissheit. Ich war auf die »Knowlton Church« und die »Knowlton Circles« gestoßen; auf ein hochkarätiges sakrales Ensemble, wo sich die Spiritualität von Jahrtausenden auf faszinierende Art bündelt.

Der älteste Teil dieser vielschichtigen Sakralanlage ist der Erdwall, welcher die Kirchenruine umgibt. An seiner Innenseite verläuft ein

Graben, was stets auf ein vorchristliches Heiligtum hindeutet; ein Zugang liegt im Südwesten. Datiert wird der Henge auf die Epoche zwischen 3000 und 2000 v. d. Z.; er stammt also aus dem späten Neolithikum oder der frühen Bronzezeit.

Ganz in der Nähe dieses Erdwerkes liegen zwei weitere Henges, die aber weniger gut erhalten sind, weil sie wieder und wieder überpflügt wurden; sie sind aber noch auszumachen. Sehr leicht zu entdecken ist dagegen ein großer bronzezeitlicher Grabhügel, der sich sechzig Meter östlich des Ringwalls mit der Kirchenruine erhebt. Dieser »Burial Mound«, in dem wahrscheinlich ein Stammesführer beigesetzt wurde, ist mit Bäumen bewachsen, so dass man ihn, wenn man das weiß, gut finden kann. Einige andere, nicht so gut erhaltene Hügelgräber oder deren Überreste liegen im näheren Umkreis der drei Henges und des großen baumbewachsenen Grabmonuments.

Was schließlich die Kirchenruine betrifft, so geht sie auf das zwölfte Jahrhundert und damit in die hochmittelalterliche Normannenzeit zurück. Anders ausgedrückt: Die Kirche wurde nicht lange nach dem Jahr 1100 erbaut; dem Jahr, in welchem der unglückliche König William II. im »New Forest« den Tod fand.

Ursprünglich handelte es sich bei dem christlichen Sakralbau um ein Steingebäude, das einem wehrhaften normannischen Herrenhaus glich. Im fünfzehnten Jahrhundert wurde das Kirchenschiff verlängert; auch wurde ein klotziger Turm angefügt, dessen Überreste an einen Burgfried denken lassen. Ab dem siebzehnten Jahrhundert wurde die Kirche nicht mehr von Gläubigen besucht, weil die Bewohner der Gegend abwanderten, und danach wurde das Gebäude allmählich zur Ruine.

Da ich Kirchen- oder Klosterruinen sehr schätze, weil sie den vermessenen Ewigkeitsanspruch der Bibelreligionen konterkarieren, hielt ich mich geraume Zeit in der halbverfallenen »Knowlton Church« auf. Ich berührte hoch- und spätmittelalterliche Steinquader, betrachtete Mauerreste und verfallene Tür- und Fensterbögen und gab mich dabei meinen Gedanken hin. Später sodann umschritt ich den Erdwall des die Kirchenruine umgebenden heidnischen Henge-Kreises, der mir sehr viel dauerhafter als der christliche Sakralbau erschien; auch erwies ich den Toten in den paganen Grabhügeln die Ehre.

Und zuletzt, als ich wieder Abschied von den heidnischen Heiligtümern nahm, war es mir, als würde die christliche Ruine völlig verschwinden – und als würden die Henge-Anlagen in neuer Schönheit aufblühen.

* * *

Um das abgeschiedene Knowlton (es handelt sich lediglich um eine Farm) in der Grafschaft Dorset zu erreichen, fährt man am besten zunächst die Kleinstadt Wimborne Minster an, die ungefähr auf halber Strecke zwischen Southampton und Weymouth liegt. Von Wimborne Minster aus folgt man der B3078 nach Norden in Richtung Wimborne St. Giles. Etwa eineinhalb Kilometer vor diesem Ort sieht man die frei zugängliche Kirchenruine von Knowlton nahe eines Seitenweges zur Linken.

Von Norden her lässt sich Knowlton am günstigsten über Salisbury anfahren. Man benutzt ab Salisbury die A338 nach Süden bis Fordingbridge und fährt von dort aus auf der B3078 an Cranborne und Wimborne St. Giles vorbei zu den Sakralstätten, die in diesem Fall rechts der Straße liegen.

BADBURY RINGS

Der Schauplatz von König Arthurs größter Schlacht

Laut den frühmittelalterlichen Geschichtsschreibern Gildas (6. Jh.), Beda Venerabilis (8. Jh.) und Nennius (9. Jh.) fand bei einem Ort mit dem Namen »Mons Badonicus« eine große Feldschlacht der britannischen Kelten gegen die Angelsachsen statt, die Britannien seit dem Abzug der Römer als Invasoren heimsuchten. Diese Schlacht wurde um das Jahr 500 herum geschlagen, und Nennius nennt den Namen des keltischen Heerführers: Arthur.

Der berühmte Keltenkönig soll seine Krieger in jener Feldschlacht zu einem überwältigenden Sieg geführt haben; zu einem Sieg, welcher die Angelsachsen derart schwächte, dass sie ein Menschenalter lang nicht mehr kampffähig waren. Daher blieb die Schlacht bei den britannischen Keltenstämmen unvergessen; über den Ort, wo sie sich ereignet hatte, gab es in späteren Epochen allerdings einiges Rätselraten. Doch im Prinzip kommt nur eine Stätte in Betracht: Beim »Mons Badonicus« (dem »Berg Badonicus«) muss es sich um die »Badbury Rings«, eine eisenzeitliche Hügelfestung im Osten der südwestenglischen Grafschaft Dorset, handeln.

Die gut erhaltenen und mehrfach gegliederten Wall- und Grabenwerke der Ringwallfestung umschließen ein Areal von etwa sechzehn Hektar und kommen damit in ihrer Ausdehnung beinahe an »Maiden Castle« heran. Entstanden ist die Hügelfestung in der späten Eisenzeit, also in der letzten Phase der rein keltischen Kultur in Britannien vor der römischen Okkupation. Ebenso wie »Maiden Castle« waren die »Badbury Rings« eine Festung des Durotrigen-Stammes; nach der römischen Machtübernahme wurden die Kelten gezwungen, abseits der Ringwallanlage zu siedeln, doch die Hügelfestung, bei der sich

Die Ringwallfestung »Mons Badonicus«, wo Arthurs Krieger ihren Feinden eine furchtbare Niederlage beibrachten.

nun fünf Römerstraßen kreuzten, blieb ein wichtiger Verkehrsknotenpunkt.

Im fünften Jahrhundert sodann, als sich die römischen Legionen aus Britannien zurückgezogen hatten und germanische Sachsen und Angeln als neue Invasoren über das Meer gekommen waren, wurden die »Badbury Rings« – von romanisierten Kelten jener Zeit offenbar als »Mons Badonicus« bezeichnet – zum Stronghold eines starken sächsischen Kampfverbandes. Denn jetzt lag die Hügelfestung im Grenzgebiet zwischen dem Territorium der von Osten und Süden vordringenden Germanen und den von den Kelten verteidigten Landstrichen nördlich und westlich des »Mons Badonicus«, weshalb die Festung für die angelsächsischen Invasoren sehr wichtig geworden war.

Dies war die militärische Situation um das Jahr 500 herum; der Ausgangspunkt der großen Schlacht, in deren Verlauf die Keltenkrieger unter dem Befehl ihres Königs Arthur den Germanen eine verheerende Niederlage zufügten. Was während der Kämpfe um den »Mons Badonicus« genau passierte, ist nicht bekannt. Wir wissen aber (unter anderem dank der Ausgrabungen, die im historischen Camelot durchgeführt wurden, worauf wir im nächsten Kapitel zu sprechen kommen werden), dass die Angelsachsen zuallermeist Fußkrieger waren, während Arthurs Keltenarmee hauptsächlich aus Reitern bestand. Und diese Reiterkrieger besiegten die Germanen bei den »Badbury Rings« auf triumphale Weise – entweder indem sie ihre Feinde im Flachland um die Ringwallfestung niedermachten oder aber die Wälle durchbrachen, um die Angelsachsen danach im Inneren der Festung zu Paaren zu treiben.

Wenn man die »Badbury Rings« besucht und die nötige Sensibilität besitzt, kann man spüren, was dort vor eineinhalb Jahrtausenden geschah; ich jedenfalls hatte immer das Empfinden, als hinge etwas wie ein Nachwehen der furiosen Schlacht in der Luft. Und wenn ich durch die Toreinschnitte der konzentrischen Ringwälle ging oder mich auf den Wallkronen aufhielt, meinte ich einige Male, Reiterpulks zu sehen, die in spitzem Winkel zu den Verteidigungsanlagen heranpreschten.

In ihrem Inneren ist die Hügelfestung mit Wald bestanden, und im Zentrum dieses Forstes gibt es eine Bodensenke; eine Art Zisterne. Ich sah sie mit Wasser gefüllt und sah sie auch trocken; stets jedoch hatte ich das Gefühl, als wären dort einst Verwundete versorgt worden.

Dies sind die Eindrücke, welche die »Badbury Rings« auf mich machten; immer empfand ich die Örtlichkeit so, als hinge ein Hauch von Düsternis über ihr, zugleich aber fühlte ich Genugtuung über den Sieg der Kelten. Und manchmal hörte ich von anderen Besuchern des »Mons Badonicus«, dass es ihnen ganz ähnlich wie mir erging …

* * *

Die »Badbury Rings« liegen zwischen Wimborne Minster (siehe das Kapitel »Knowlton«) und Blandford Forum. Von beiden Städten aus erreicht man die frei zugängliche Ringwallanlage über die B3082. Die Abzweigung zu den »Badbury Rings«, die ein wenig nördlich der genannten Straße liegen, ist ausgeschildert.

CADBURY CASTLE

Im 16. Jahrhundert wurde Camallate wiederentdeckt

Anno 1542 schrieb der englische Geschichtsforscher John Leland (1503 – 1552) nach einem Besuch des südwestenglischen Dorfes South Cadbury in schönem Frühneuenglisch in sein Reisetagebuch: »At the very south ende of the chirch of South-Cadbyri standeth Camallate, sumtyme a famose toun or castelle, apon a very torre or hille, wunderfully enstregnthenid of nature.... The people can telle nothing ther but that they have hard say that Arture much resortid to Camalat.«

Übersetzt bedeutet das: »Beim äußersten Südende der Kirche von South Cadbury steht Camallate, zuzeiten eine berühmte Stadt oder eine Burg auf einem beachtlichen Twr oder Hügel, wundervoll befestigt

Der Hohlweg, der zur Ringwallfestung emporführt. In der Nacht der Wintersonnenwende sollen König Arthur und seine Krieger hier erscheinen.

durch die Natur… Die Leute dort können nichts darüber erzählen, außer dass sie sagen gehört haben, dass Arture oft in Camalat residiert habe.«

Dieser Text ist sehr klar; er macht deutlich: Die Hügelfestung, die sich über dem Dorf South Cadbury erhebt, war laut Volksüberlieferung Camelot, das Machtzentrum von König Arthur. Und darauf weist auch eine örtliche Sage hin, die Leland offenbar nicht kannte, die aber seit jeher in South Cadbury erzählt wird: Jedes Jahr in der Nacht der Wintersonnenwende reite Arthur mit seinen Kriegern durch einen Hohlweg vom Hügel herab. Unten würden die Männer ihre Pferde an einer Quelle tränken, und danach würden sie hinaus in die Dunkelheit galoppieren, um mit Anbruch des neuen Tages zurückzukehren.

In dieser Wintersonnwend-Sage steckt eindeutig keltischer Wiedergeburtsglaube – und »Cadbury Castle« wiederum, wie die Ringwallanlage bei South Cadbury heute genannt wird, ist jahrhundertelang Schauplatz keltischer Aktivitäten gewesen. Die gut sieben Hektar große Hügelkuppe, wo bereits im Neolithikum und in der Bronzezeit Ansiedlungen existierten, wurde um das Jahr 300 v. d. Z., also im La-Tène, durch einen ersten Steinwall mit Balkenverstärkungen befestigt, und während der folgenden Generationen wurde diese Fortifikation immer weiter verstärkt. Im letzten vorchristlichen Jahrhundert kamen gestaffelte Wall- und Grabenanlagen hinzu – doch dann, in der Mitte des ersten nachchristlichen Jahrhunderts, als die Römer Britannien eroberten, endete die keltische Nutzung der Hügelfestung vorerst, denn die Ringwallanlage wurde von Legionären gestürmt und diente danach als Militärposten der Römerarmee.

Nach dem Abzug der Legionen im frühen fünften Jahrhundert lag die Festung über zwei Menschenalter hinweg verlassen da. Um das Jahr 470 jedoch, bald nach den ersten Einfällen von Sachsen und Angeln ins südliche Britannien, wurde die Hügelfestung erneut zu einem Stronghold der Kelten – und zwar zu einem, der nun außerordentlich bedeutsam war.

Wie Ausgrabungen in der zweiten Hälfte des zwanzigsten Jahrhunderts zeigten, stand zu jener Zeit in Camallate, Camalat oder eben Camelot innerhalb der noch einmal verstärkten Verteidigungsanlagen eine

Die Hügelfestung »Cadbury Castle« – oder Camelot.

Fürstenhalle mit zweihundert Quadratmetern Grundfläche. Zudem gab es zahlreiche Wohn- und Wirtschaftsgebäude sowie Stallungen für etwa tausend Pferde, und der Festungszugang, zu dem der oben erwähnte Hohlweg emporführte, war durch einen starken Torbau gesichert.

Ferner fanden die Archäologen Relikte von wertvollem Trink- und Essgeschirr und anderen Luxusgegenständen, und auch dies beweist: Der Fürst oder König, der etwa ab dem Jahr 470 in der Festung residierte und von dort aus mit seinen Reiterkriegern gegen die Germanen zu Felde zog, muss äußerst mächtig gewesen sein – ganz so wie der König Arthur der Sagen.

»Cadbury Castle« ist höchstwahrscheinlich der Ort, der als Camelot in die Geschichte einging, und im Spätsommer 1996 stieg ich erstmals durch den Hohlweg zur Hügelfestung hinauf; vorbei an der nahe beim Weg liegenden Quelle, die in der örtlichen Sage erwähnt wird. Oben schaute ich beeindruckt auf die gewaltigen Ringwälle, welche das Areal der einstigen Festungsstadt umschließen, und mir wurde sehr bewusst, dass Camelot nicht so aussah, wie es in Hollywoodfilmen oft dargestellt wird.

Arthurs Stronghold war keine hochmittelalterliche Steinburg, sondern eine stark befestigte stadtähnliche Bergsiedlung, wo der König, dessen Krieger mit ihren Familien sowie Handwerker und andere Dienstleute lebten. Als ich auf dem höchsten Wall dahinschritt, glaubte ich, die vielen Rundhäuser Camelots mit ihren haubenförmigen Strohdächern zu sehen; ebenso die aus mächtigem Balkenwerk gezimmerte Große Halle, die Ställe und Pferche für die Kriegspferde und anderes Großvieh sowie überall die frühmittelalterlichen Kelten: Männer, Frauen und Kinder, welche den Kriegskönig Arddwr von Angesicht kannten.

Als ich ins Flachland zu Füßen der Hügelfestung hinabschaute, meinte ich, dort unten Pferde- und Rinderherden weiden zu sehen; Herden, die beim Auftauchen von Feinden rasch in die Festung getrieben werden konnten. Und dann, als ich den höchsten Bereich des leicht ansteigenden Hügelplateaus erreicht hatte, vermeinte ich, noch etwas zu erkennen: einen Eichenhain, dessen Bäume ein Oval formten.

Denn im Rahmen der Ausgrabungen in »Cadbury Castle« wurden auch Überreste von Eichen gefunden, die vor eineinhalbtausend Jahren einen Hain in ovaler Gestalt bildeten. Ross Nichols wiederum berichtet in seinem Buch »Das magische Wissen der Druiden« von Rutengängern, welche den Eichenhain ebenfalls lokalisieren konnten, und dieser heilige Hain von Camelot könnte sein Urbild im »Silbury Hill« gehabt haben.

In den Sakralhügel bei den »Avebury Rings« wurde Erde aus vielen verschiedenen Landesteilen Britanniens eingebracht, um das Miteinander von Sippen oder Stämmen zu versinnbildlichen – und auf dem Camelot-Hügel könnten die Eichen in ihrem ovalen Verbund eine ganz ähnliche Bedeutung gehabt haben. Sie hätten dann jene Kampfverbände aus unterschiedlichen Gegenden der britischen Insel repräsentiert, die unter Arthurs Führung gegen die Germanen fochten – und damit wäre der Eichenhain der wahre »Runde Tisch« von Camelot gewesen.

Die Eichenbäume stellen zudem eine Verbindung zu Myrddin her; zum historisch durchaus nachweisbaren Merlin, der keineswegs ein märchenhafter Zauberer, sondern Druide war. Die Druiden aber, welche die geistige Elite der Kelten darstellten, hatten eine enge spirituelle Beziehung zu den Eichen, und daher ist anzunehmen, dass sich

Merlin, wenn er in Camelot weilte, auch im dortigen Eichenhain aufhielt.

Ich jedenfalls hatte bei meinen Besuchen in »Cadbury Castle« stets das Gefühl, sowohl dem großen König als auch dem genialen Druiden (von dem in späteren Kapiteln noch ausführlicher die Rede sein wird) nahe zu sein – ihnen und ebenso den tapferen Keltenkriegern, die von Camelot aus die Freiheit ihrer Inselheimat verteidigten.

* * *

South Cadbury liegt in der Grafschaft Somerset und etwa in der Mitte zwischen den Städten Salisbury (Wiltshire) im Osten und Taunton (Somerset) im Westen. Aus beiden Richtungen fährt man South Cadbury am besten über die A303 an und biegt dann zwischen den Ausfahrten Blackford (östlich) und Sparkford (westlich) nach Süden zum Zielort (ist ausgeschildert) ab. Anschließend passiert man das Dorf South Cadbury bis zu dessen Südrand, wo man auf den (ebenfalls ausgeschilderten) Hohlweg hinauf zur frei zugänglichen Hügelfestung stößt. – Von Norden her erreicht man South Cadbury gut über Glastonbury, von Süden her über Yeovil.

GLASTONBURY

Das verlandete Inselheiligtum von Avalon

Eine Überlieferung aus Glastonbury berichtet: Anno 1191 riet ein walisischer Barde den Mönchen der Abtei von Glastonbury, an einer bestimmten Stelle südlich der Marienkapelle des Klosters nach der Grabstätte von König Arthur und seiner Gemahlin Guinevere zu suchen.

Die Kleriker befolgten den Rat, begannen mit einer Grabung und fanden zunächst ein Bleikreuz mit der lateinischen Inschrift: »Hic iacet sepultus inclitus rex Arturius in insula Avalonia«; übersetzt: »Hier liegt bestattet der geehrte König Arturius auf der Insel Avalon.« Dann, als die Mönche weitergruben, legten sie einen ungewöhnlichen

Die Ruine der Marienkapelle in der einstigen Abtei von Glastonbury, in deren Nähe das ursprüngliche Grab von Arthur und Guinevere liegt

Sarg frei. Es handelte sich um das ausgehöhlte Stück eines Eichenstammes, und in diesem Baumsarg lagen zwei Skelette: das eines großen Mannes, dessen Schädel mehrere schwere Verletzungen aufwies, und das einer Frau, an deren Kopf noch rotblondes Haar erhalten war.

Wie es aussieht, wurden die Gebeine zunächst fast ein Jahrhundert lang irgendwo in der Abtei aufbewahrt; Anno 1278 sodann kam es zu einer feierlichen Neubestattung in der Klosterkirche. Vor deren Hauptaltar wurden die beiden Skelette im Beisein von König Edward I. und seiner Gattin Eleanor in einem Grabmal aus schwarzem Marmor beigesetzt, und auch das Bleikreuz gab man in dieses Grab. Rund ein Vierteljahrtausend ruhten die sterblichen Überreste von Arthur und Guinevere in der Abteikirche – Anno 1539 jedoch, als während der Herrschaft Heinrichs XIII. die englischen Klöster aufgelöst und dabei oft verwüstet wurden, zerstörten unwissende Kriegsknechte das schwarzmarmorne Grabmal, und aufgrund dieses Vandalismus verschwanden Arthurs und Guineveres Gebeine für immer.

Die Erinnerung an die beiden Grabstätten, in denen die Skelette einst gelegen hatten, blieb aber erhalten; heutzutage sind die Grabplätze nahe der Ruine der Marienkapelle und innerhalb der halb eingestürzten Mauern der Klosterkirche durch Steineinfassungen und Hinweisschilder gekennzeichnet. Allerdings wurde die hochmittelalterliche Überlieferung vom Auffinden der Gebeine von diversen modernen Historikern bezweifelt; laut diesen Leuten hätten die Mönche von Glastonbury im Jahr 1191 einen Schwindel inszeniert, um Pilger, welche die Skelette sehen wollten, anzulocken und davon materiell zu profitieren.

Die Grabstätte von Arthur und Guinevere

Bei genauer Betrachtung erweist sich diese These jedoch als nicht haltbar – und zwar wegen des ausgehöhlten Eichenstammes, der als Sarg diente. Derartige Särge waren im Hochmittelalter absolut unüblich – aber nicht in der Zeit, da Arthur und Guinevere lebten. Denn damals wurden nach heutigen archäologischen Erkenntnissen wichtige Personen, sofern sie noch keltische Heiden und keine Christen waren, in Eichenstämmen beigesetzt. Dies aber konnten die Mönche des späten zwölften Jahrhunderts angesichts ihrer fehlenden Informationsmöglichkeiten über die »Dark Ages« unmöglich wissen, und daher kann die Grabauffindung kein Betrug gewesen sein.

Zusätzlich lässt sich gegen die These, wonach in Glastonbury ein Schwindel in Szene gesetzt worden sei, folgendes Argument anführen: Wäre es den Mönchen tatsächlich um möglichst hohen Profit durch das Anlocken von Pilgerströmen gegangen, dann hätten sie statt der Skelette des Königspaares die Gebeine irgendeines Heiligen »finden« müssen. Angeboten hätte sich insbesondere der Jesus-Verwandte Joseph von Arimathäa, der ab dem zwölften Jahrhundert mit Glastonbury in Verbindung gebracht wurde und sogar den mysteriösen Gral dort verborgen haben sollte. Doch die Kleriker entdeckten »nur« die beiden Skelette im Eichensarg, und auch dies deutet darauf hin, dass die Gebeine wirklich Arthur und Guinevere gehörten.

Schließlich muss man sich bewusst machen, von wem die Mönche den Rat erhielten, nach dem Grab des Königspaares zu suchen. Es war ein walisischer Barde; er kannte den richtigen Platz – und auch das spricht für die Authentizität der Auffindungsgeschichte. Denn die Bestattung Arthurs und Guineveres erfolgte in keltischem Umfeld, und daher ist es logisch, dass auch die Umstände dieser Beisetzung in allererster Linie in der Erinnerung der überlebenden Kelten des Landes bewahrt wurden. In unserem Fall waren dies die hochmittelalterlichen Waliser und Schotten; deren Barden hüteten das Wissen um wichtige historische Ereignisse, und da Wales im Gegensatz zu Schottland nicht allzu weit von Glastonbury entfernt liegt, war es naturgemäß ein walisischer Barde, welcher den Mönchen verriet, wo der Eichensarg zu finden war.

Als der Sarg entdeckt wurde, stand die Abtei von Glastonbury noch auf einem Eiland in einem Flachwassersee; auf der Ynys Avallach (aus-

Der Twr – der imposanteste der drei Sakralhügel von Avalon, der sowohl der Großen Göttin als auch dem unsterblichen Sonnengott zugeordnet ist.

gesprochen: Ennis Avath-lach), der Insel Avalon. Im Spätmittelalter jedoch ließ einer der letzten Äbte die Gegend entwässern, so dass der See verlandete – und damit war das alte Avalon, dessen ursprünglich rein paganer Charakter schon schwer unter der christlichen Okkupation gelitten hatte, quasi ganz untergegangen.

Dennoch lebt die heidnische Ynys Avallach. Ich spürte es bei jedem meiner Besuche sehr intensiv, und ich hatte dort zudem mehrere paranormale Erlebnisse. In meinem Buch »Die Botschaft der Druiden« und in meiner Autobiographie »Oft war es wie im Roman« habe ich diese übersinnlichen Erfahrungen ausführlich geschildert; hier nur ein Beispiel:

Im Sommer 2001 recherchierte ich in Glastonbury für mein Buch »Ceridwen. Die Rückkehr der dreifaltigen Göttin der Kelten«. Auf dem Twr, dem eindrucksvollsten der drei Hügel der Ynys Avallach, forschte ich am Ruinenturm, der dort oben von einer Kirche übriggeblieben ist, nach einer Bilddarstellung der christlichen Heiligen Brigid von Kildare, die oft mit einer Kuh als Begleittier dargestellt wird und religionsgeschichtlich auf die gleichnamige keltische Göttin zurückgeht. Ich konnte aber nichts entdecken; stattdessen hatte ich mehrfach

Augenkontakt mit einem Inder, der zusammen mit einigen anderen Leuten in der Nähe stand. Und dann, als ich meine Suche schon aufgeben wollte, kam der Hindu zu mir, deutete auf eine bestimmte Stelle am Turm und sagte: »Da ist sie doch. Die Muttergöttin in Frauen- und Kuhgestalt.« Und gleich darauf, weil der Inder meine Gedanken gelesen hatte, sah auch ich die Brigid-Figur.

Das walisische Wort Twr (Aussprache und englische Schreibweise: Tor) bezeichnet einen Sakralhügel – und die Anhöhe am Stadtrand von Glastonbury, die so heißt, ist ein Paradebeispiel für ein solches Naturheiligtum. Majestätisch, einer weiblichen Brust ähnelnd, erhebt sich der Hügel über das Flachland, und an seinen Flanken zieht sich ein Spiralpfad empor: ein uralter Prozessionsweg. Im Hügelinneren liegen Kavernen, deren Zugänge jedoch seit langem verschlossen sind. Es haben sich aber Beschreibungen der Höhlen erhalten; es sind Tropfsteinkavernen, und in einer von ihnen gibt es einen Teich.

Rein heidnische Überlieferungen wiederum besagen, dass der Twr der Palast des Gottes Gwyn ap Nydd (ausgesprochen: Gwin ap Nith) sei. Die Übersetzung dieses Gottesnamens aus dem Walisischen lautet: Weißer Sohn des Nebels, und da die Farbe Weiß in der keltischen Mythologie für Geburt, Jugend und auch Wiedergeburt steht, während der Nebel eine Metapher für die Anderswelt (walisisch: Annwn; ausgesprochen: Annun) ist, lässt sich Gwyn ap Nydd auch so übersetzen: Wiedergeborener Sohn der Anderswelt. Dies aber kennzeichnet Gwyn ap Nydd als den jungen Sonnengott, der jeden Morgen von neuem, also wiedergeboren, in sein irdisches Leben eintritt, nachdem er die Nacht über durch die Dimension von Annwn gewandert ist.

Nach einer Legende soll im Frühmittelalter der christliche Missionar Patricius, besser bekannt als Patrick von Irland, in den Twr eingedrungen sein, um Gwyn ap Nydd unter das Kreuz zu zwingen. Doch der Gott soll den Spieß umgedreht und den Christen furios wieder aus seinem Reich hinausbefördert haben.

Aber auch der Twr selbst wehrte sich gegen christliche Vereinnahmungen. Eine Kirche, die im Hochmittelalter auf dem Hügelplateau über keltischen Mauerresten erbaut wurde, blieb nur bis zum Jahr 1275 dort stehen; bei einem Erdbeben warf der Twr das Gebäude buchstäblich ab. Und eine weitere Kirche, die seit dem vierzehnten Jahrhundert auf dem Hügel stand, wurde Anno 1539 im Rahmen der Auflösung der Abtei von Glastonbury zerstört. Einzig der heute noch erhaltene Turm blieb damals stehen – doch in ihm wurde der letzte Abt des Klosters gehenkt.

Heute ist der Twr Anziehungspunkt für Neuheiden aus aller Welt; man trifft dort jedoch auch Hindus, Buddhisten oder Shintoisten sowie geistig aufgeschlossene Christen und Juden. Und die Twr-Besucher wandern dann nicht selten weiter zu den beiden anderen Sakralhügeln auf der Ynys Avallach: zum Chalice Hill und zum Wearyall Hill.

Der Chalice Hill (Kelchhügel) liegt nahe beim Twr; an seinem Fuß entspringt die Rote Quelle von Avalon, deren Wasser stark eisenhaltig und damit rötlich gefärbt ist. Gewiss war dieser Born zur Zeit der paganen Kultur Britanniens ein Heiligtum der Muttergöttin, und auch heute wird hier wieder zur Roten Göttin gebetet. Manche Christen wiederum glauben daran, dass Joseph von Arimathäa im Quellgrund den Kelch versenkte, aus dem Jesus beim letzten Abendmahl trank: den sogenannten Gral. Doch dieser Mythos entbehrt jeder Grundlage.

Der Wearyall Hill schließlich, der Hügel der Mühen, erhebt sich in einiger Entfernung vom Twr am südwestlichen Stadtrand von Glastonbury. Die Anhöhe steigt zunächst stetig an und fällt zuletzt schroff ab, was dem nicht immer leicht zu begehenden Lebensweg und dem Tod an dessen Ende entspricht. Infolgedessen ist der Wearyall Hill das dem Alter und dem Lebensende zugeordnete schwarze Naturheiligtum der Ynys Avallach; Hügel und Quelle der Muttergöttin stehen für die rote, blühende Daseinsmitte, während sich im weißen, jungen Gott Gwyn ap Nydd neugeborenes Leben manifestiert – und insgesamt umfasst die Metaphysik der drei Anhöhen den gesamten Lebenskreislauf von der Geburt über Reife und Tod hin zur Wiedergeburt.

Einst hüteten Druidinnen, die auf ihrer Insel in Apfelhainen lebten, das Wissen um den ewigen Daseinskreislauf. Später geriet die heidnische Weisheit weitgehend in Vergessenheit, doch in der Gegenwart blüht sie wieder auf – und die paganen Pilger, die sich heute in Avalon begegnen, sind sich sicher: Das erneute Erblühen ist erst der Anfang von etwas sehr viel Größerem.

* * *

Glastonbury, in Somerset gelegen, ist von allen Himmelsrichtungen her gut ausgeschildert. Von Bristol im Norden aus fährt man etwa eine Stunde bis Glastonbury, von Yeovil im Süden sind es 35 Kilometer, von Bridgwater im Westen fährt man eine halbe Stunde, und von Shepton Mallet im Osten sind es 17 Kilometer. Hat man Glastonbury erreicht, so parkt man am besten auf dem Großparkplatz direkt bei den Abteiruinen im Stadtzentrum; von dort aus hat man einen Fußweg von 20 bis 30 Minuten zum Twr. Parkmöglichkeiten direkt beim Twr gibt es nicht.

Der Twr ist frei zugänglich. Das Betreten des Abteigeländes kostet Eintritt; Näheres hier: glastonburyabbey.com

STANTON DREW

Wo Sensitive aus Bristol auf Lichtspuren wandelten

Es war am 12. September 2001, einen Tag nach den massenmörderischen Angriffen islamischer Fanatiker auf die USA, als ich im großen Steinkreis von Stanton Drew einem außergewöhnlichen Paar begegnete. Von den Terroranschlägen des Vortages zutiefst getroffen, waren Joy und Roger aus Bristol zu dem jungsteinzeitlichen Sakralort gekommen, um durch ein besonderes Ritual spirituelle Friedensarbeit zu leisten.

Auch ich war zu den Hohen Steinen gefahren, um dem Bösen meine Verehrung der heidnischen Gottheiten entgegenzusetzen und dadurch meine innere Ruhe zurückzugewinnen. Langsam umschritt ich verschiedene Menhire, und während ich dies tat, sah ich, wie sich die beiden Briten mit ausgebreiteten Armen zwischen anderen Großsteinen hin und her bewegten; auf für mich unsichtbaren, für sie aber anscheinend sichtbaren, zumeist bogenförmigen Pfaden.

Später, als wir bei einer Steingruppe beisammen standen, erklärten mir Joy und Roger, auf welcher Art von Sakralwegen sie gewandelt waren. Es seien dieselben heiligen Pfade gewesen, auf denen einst andere Eingeweihte gegangen waren: Vertraute der Dreifachen Göttin, deren Aufgabe es gewesen sei, sich selbst und damit auch ihre Sippen und Stämme ins umfassende Flechtwerk des Lebens einzubinden: ins Miteinander von Erde, Wasser und Luft; ebenso von Pflanzen, Tieren und Menschen.

Ganz wie die neolithischen, bronzezeitlichen und keltischen Göttinnenvertrauten hatte auch das Paar aus Bristol den friedlichen Einklang aller Lebensformen zu stärken versucht; hatte dadurch dem finsteren Destruktiven, das in den USA zugeschlagen hatte, das helle

Der »Coven« von Stanton Drew

Konstruktive entgegengesetzt. Und was die meinen Augen verborgenen Pfade betraf, denen Joy und Roger gefolgt waren, so erläuterten sie mir: Sie könnten sie als farbig leuchtende Energiebahnen wahrnehmen; als Lichtspuren, die von den starken geistigen Kräften der früheren Eingeweihten sozusagen in die Erde eingekerbt worden seien.

Dank der Begegnung mit dem britischen Paar lernte ich gleich auf Anhieb viel über die Steinkreise von Stanton Drew, und in den folgenden Stunden, als wir zu dritt auf dem sakralen Areal umherwanderten, erfuhr ich, da sich Joy und Roger auch archäologisch gut auskannten, noch mehr.

Das Heiligtum, das etwa 4800 Jahre alt ist und die nach Avebury zweitgrößte Steinkreisanlage Englands darstellt, besteht aus einem großen und zwei kleineren Steinringen, wobei der große Kreis im Nordosten und im Südwesten von den beiden bescheideneren Ringen flankiert wird. Damit ist in der gesamten Anlage einmal mehr der von der Dreifachen Göttin behütete Lebenskreislauf und zugleich der ebenfalls heilige Weg des Sonnengottes dargestellt: Der Kreislauf beginnt im Nordostring mit der Geburt des jungen Tages oder Lebens bei Sonnenaufgang, erreicht seine Fülle und Reife am Mittag im großen

Kreis und endet am Abend, bei Sonnenuntergang, im Südwestring – womit am nächsten Morgen der neue Lebenszyklus beginnen kann.

Die Ausdehnung der Steinkreise von Stanton Drew, bei denen sich zudem Relikte von Menhir-Alleen sowie ein umgebender Graben befinden, ist beachtlich. Der mittlere Kreis besitzt einen Durchmesser von 113 Metern, bei den beiden anderen Ringen sind es 43 Meter (Südwestkreis) und 30 Meter (Nordostkreis), und auch die Menhire, von denen allerdings viele umgestürzt sind, zeigen eindrucksvolle Ausmaße. So wies ein Hoher Stein mit dem Namen »Hautville's Quoit«, der ein Stück nördlich der drei Cromlechs in einem Feld liegt, ursprünglich eine Höhe von 13 Metern auf; er misst jedoch heutzutage, weil er zerstört wurde, nur noch ungefähr die Hälfte.

Die Steinkreise liegen etwas außerhalb des Dorfes Stanton Drew, und in der Ortschaft selbst, im Garten des Pubs »Druid's Arms«, gibt es eine weitere eindrucksvolle Steinsetzung. Es handelt sich um den »Cove«: eine Gruppe von drei Menhiren, von denen zwei noch aufrecht stehen, während der dritte flach daliegt. Die Steine, die vor etwa 5800 Jahren aufgestellt wurden, sind zwischen eineinhalb und viereinhalb Meter groß, und die Menhirgruppe bildete, als sie noch intakt war, eindeutig eine kreisförmige, beziehungsweise eine dreiekkige Struktur, was auch hier wieder auf eine Lebenskreislauf-Symbolik hindeutet.

Früher wurden die Cromlechs von Stanton Drew als reine Megalith-Heiligtümer angesehen – doch geophysikalische Untersuchungen, die 1997 durchgeführt wurden, ergaben ein komplizierteres Bild. Die Wissenschaftler fanden nämlich heraus, dass sich innerhalb des großen Steinkreises einst neun konzentrische Ringe aus Holzpfosten befanden, die enorme Durchmesser hatten: Beim äußersten Ring waren es 94 Meter, beim innersten immer noch 23 Meter. Und was die neun Pfostenringe angeht, so war deren Zahl gewiss nicht willkürlich gewählt – denn in der Neun steckt dreimal die heilige Drei der Göttin.

Die Sakralstätte von Stanton Drew war also einstmals eine Kombination aus Menhir-Heiligtümern und einem Woodhenge mit einer starken Ausrichtung auf die Große Göttin, den Sonnengott und den von beiden Gottheiten getragenen Lebenskreislauf. Und uns – Joy,

Roger und mir – ermöglichte es der uralte Sakralort an jenem 12. September 2001, der Bösartigkeit des Islam-Terrorismus spirituell entgegenzutreten und dadurch unser inneres Gleichgewicht wiederzufinden.

* * *

Das Dorf Stanton Drew (Grafschaft Somerset) liegt ungefähr eine halbe Autostunde südlich von Bristol. Am besten benutzt man von Bristol aus die A37 und biegt dann auf die B3130 in Richtung Belluton ab. Die nächste Ortschaft nach Belluton ist dann Stanton Drew. Die Steinkreise befinden sich am östlichen Dorfrand auf Weideland; Parken ist dort nur schwer möglich, weshalb man das Auto im Dorf abstellen sollte.

Die Cromlechs und der »Cove« sind frei zugänglich; bei den Steinkreisen wird lediglich eine kleine Spende erbeten, die man in einer Geldbox deponieren kann.

TINTAGEL

Die falsche/echte Burg von Gorlois, Ygraine und Marke

Die Burgruine von Tintagel erhebt sich auf schroffen Klippen an der Nordküste Cornwalls und fasziniert jeden Besucher. Das Ruinenareal wirkt, als wäre es von einem gigantischen Schwerthieb gespalten worden; die Gemäuer sind durch eine tiefe Steinkluft getrennt. Zu erreichen sind die Ruinen nur auf Felssteigen; hat man den Aufstieg geschafft, geht der Blick weit hinaus auf die Irische See.

In der Mythologie der Britischen Inseln spielt die Festung bei dem Küstendorf Tintagel eine herausragende Rolle. Denn zum einen soll dort unter ziemlich fragwürdiger Mithilfe des »Zauberers« Merlin die Zeugung Arthurs erfolgt sein; zum anderen ist Tintagel ein wichtiger Schauplatz der Geschichte um das unglückliche keltische Liebespaar Tristan und Isolde. Und es ist durchaus möglich, dass sich hinter diesen Mythen reale Geschehnisse aus den frühmittelalterlichen »Dark Ages« verbergen – doch falls dies zutrifft, hat die Burg von Tintagel ganz gewiss nichts davon mitbekommen.

Die Festung wurde nämlich erst im Hochmittelalter erbaut; genauer gesagt: ab dem Jahr 1233. Der Bauherr war der damalige Earl (Graf) von Cornwall, und da er ein Verehrer von König Arthur war, wollte er eine Burg besitzen, die an einem legendenhaft mit Arthur verknüpften Platz stand. Die Bauleute scheinen jedoch schlecht gearbeitet zu haben, denn die Festung entpuppte sich bald als schadhaft. Schon im vierzehnten Jahrhundert begann sie zu verfallen, und im sechzehnten Jahrhundert wurde sie endgültig zur Ruine.

Bis zur ersten Hälfte des zwanzigsten Jahrhunderts führte die Burgruine sodann ein Dornröschendasein; unter den Fischern und Bauern

Das Zugangstor der mittelalterlichen Burgruine von Tintagel

der Gegend allerdings blieb eine seit Menschengedenken tradierte Sage lebendig, wonach Tintagel einst der Sitz der Könige von Cornwall gewesen sei. Da es aber – so jedenfalls die »Experten«-Meinung der Frühen Neuzeit und der einsetzenden Moderne – niemals kornische Könige gegeben habe, wurde die Volksüberlieferung als unsinnig abgetan.

Dann freilich, in den 1930er Jahren, als eine erste wissenschaftliche Ausgrabung auf dem mittelalterlichen Festungsareal durchgeführt wurde, begann eine Serie von archäologischen Entdeckungen, in deren Verlauf immer deutlicher wurde: Die uralten regionalen Überlieferungen, die in den Bauern- und Fischerfamilien von Generation zu Generation weitergegeben worden waren, beruhten auf sehr handfesten Fakten.

Nachdem die Ausgräber auf dem Ruinengelände in frühmittelalterliche Bodenschichten vorgedrungen waren, kamen nämlich Mauerzüge aus dieser Epoche zum Vorschein; Grundmauern von Gebäuden, die in die Zeit vom fünften bis zum achten Jahrhundert datiert wurden. Damit war nachgewiesen, dass die Geschichte Tintagels bis in die »Dark Ages« zurückreichte; in jene Epoche, in der Arthur, Merlin,

Tristan und Isolde gelebt hatten. Doch die Archäologen brachten ihre Funde nicht mit diesen sagenumwobenen Personen in Verbindung, sondern waren der Meinung, die hochmittelalterliche Burg von Tintagel wäre über frühchristlichen Klostergebäuden errichtet worden.

Um die Wende vom zweiten zum dritten Jahrtausend stellte sich diese Einschätzung freilich als falsch heraus. Denn nun kam bei neuen Ausgrabungen eine Fülle von Fundmaterial ans Licht, das mit bescheidenem Mönchsleben nichts zu tun hatte. Die Erde von Tintagel gab neben weiteren bedeutenden Gebäudefundamenten auch Scherben von hochwertigen Ess- und Trinkgeschirren frei, die aus dem Mittelmeerraum importiert worden waren; ebenso Relikte von mediterranen Glaswaren. Zudem fanden sich Hinweise darauf, dass die Bewohner von Tintagel Wein und exotische Lebensmittel aus östlichen Mittelmeerländern, Nordafrika und Gallien importiert hatten.

Für die Wissenschaftler des dritten Jahrtausends ist damit klar: Dort, wo heutzutage die hochmittelalterliche Burgruine steht, residierten in den hier gar nicht dunklen »Dark Ages« sehr wohlhabende spätkeltische Fürsten, die Fernhandel mit dem heutigen Frankreich und der mediterranen Welt trieben. Sie waren die kornischen Könige der Volksüberlieferung – oder präziser gesagt: Die Herrscher der Dumnonier, eines schon seit langer Zeit in Cornwall ansässigen Keltenstammes, der sein Siedelgebiet nach dem Abzug der Römer bis ins frühe neunte Jahrhundert gegen die Angelsachsen verteidigen konnte.

Einer der Dumnonier-Könige könnte durchaus Marke gewesen sein, der wegen der schönen Isolde aus Irland mit seinem Verwandten Tristan in einen schweren Konflikt geriet. Und ebenso könnte ganz real ein Herrscherpaar mit den Namen Gorlois und Ygraine in der Keltenfestung hoch über dem Meer residiert haben, und die Stammeskönigin Ygraine könnte in der Tat den späteren Kriegskönig Arthur geboren haben – wobei dessen Zeugung in Tintagel womöglich gar nicht aufgrund eines Betrugs durch den »Zauberer« Merlin erfolgte, sondern, viel nachvollziehbarer, dank einer Übereinkunft zwischen dem kornischen Königspaar und Arthurs leiblichem Vater Uther, damit die Abstammung des späteren Kriegskönigs auf verschiedene Volksstämme zurückgeführt werden konnte, was im Hinblick

Grundmauern von Gebäuden, die zum Königssitz der keltischen Dumnonier gehörten.

auf Arthurs Bestimmung als Anführer möglichst vieler britannischer Kelten sehr wichtig gewesen wäre.

Wenn man die Ruinen von Tintagel besucht, sollte man sich nach einem Rundgang durch die hochmittelalterlichen Gemäuer bemühen, die Örtlichkeit mit dem inneren Auge so zu erschauen, wie sie im Frühmittelalter aussah. Man wird dann eine blühende Keltenfestung über einem Fernhandelshafen mit robusten und hochbordigen keltischen Schiffen erblicken – und vielleicht begegnet einem, sofern Nebel treiben, sogar der Geist eines Menschen, den man bislang nur als Sagengestalt kannte.

* * *

Das Dorf Tintagel liegt an der Nordküste Cornwalls zwischen Bude im Nordosten und Padstow im Südwesten. Man kann den Ort entweder über die sehr malerische Küstenstraße A39 anfahren oder ihn, von Osten (also von Dorset oder Somerset) kommend, auch gut auf der A30 über Exeter und Launceston erreichen, nachdem man zunächst Taunton passiert hat.

Im kleinen Ort Tintagel spürt man auf Schritt und Tritt, dass er vom Tourismus lebt, was manchmal seltsame Blüten treibt. So wird beispielsweise eine stollenartige Höhle in den Felsen am Rand der Hafenbucht von Tintagel als »Merlin's Cave« bezeichnet, weil Merlin angeblich in ihr lebte: in einer Kaverne, die bei jeder Flut überschwemmt wird. Doch trotz solcher Mankos ist Tintagel wegen der historischen und mythischen Bedeutung des frei zugänglichen Burgareals immer einen Besuch wert.

TEIL 2
WALES

CILMERI

Der weltferne Ort, wo Llywelyn ap Gruffydd starb

Das Drama ereignete sich am 11. Dezember 1282 ganz in der Nähe des heutigen Dorfes Cilmeri im zentralwalisischen Landesteil Powys. Llywelyn ap Gruffydd (übersetzt: Llywelyn, Sohn des Gruffydd; Aussprache: Thle-Welin ap Griffith), der keltische Herrscher von Cymru, hatte sein Heer von seinem nordwestwalisischen Erbland Gwynedd nach Süden geführt, um einer englischen Armee, die nach Wales eingefallen war, auf dem Schlachtfeld entgegenzutreten. Llywelyn (sein Name geht auf den altkeltischen Götternamen Lugh-Belenos zurück) zählte in jenem Frühwinter knapp sechzig Jahre; ungeachtet dessen war er noch einmal in den Krieg gezogen und hatte sich innerlich auf eine große Schlacht vorbereitet – doch dann nahmen die Ereignisse eine unverhoffte Wende.

Am Morgen des 11. Dezember erhielt Llywelyn eine Nachricht von den Anführern des englischen Heeres. Sie besagte, dass sich die gegnerischen Adligen dem walisischen Herrscher unterwerfen und den Winterfeldzug damit beenden wollten. Für Llywelyn war dies natürlich eine hocherfreuliche Kunde; ohne weitere Vorsichtsmaßnahmen rückte er an der Spitze seiner Armee nahe an die Stellung der Engländer heran, um sich mit den ehemals feindlichen Adelsherren auszusöhnen – plötzlich aber gingen die englischen Truppen zum Angriff über.

Llywelyn war auf übelste Weise hintergangen worden; zudem war sein Heer angesichts des infamen Betrugs nicht wirklich kampfbereit – und zu allem Überfluss wurde der walisische Herrscher jetzt auch noch vom Gros seiner Armee abgedrängt. Zusammen mit wenigen Rittern und einigen Klerikern musste er vom Schlachtfeld fliehen; englische Kämpfer verfolgten die Schar der Waliser, und dann kam es in einem

Das archaisch wirkende Denkmal für Llywelyn ap Gruffydd

Wald bei Cilmeri zu einem Gefecht. Einer nach dem anderen fielen Llywelyns Gefährten; am Ende wurde auch der walisische Herrscher, der sich mit seinen letzten Getreuen auf eine flache Bodenerhebung geflüchtet hatte, schwer verwundet, und als er wehrlos auf der Erde lag, hieb ihm ein Engländer den Kopf ab.

In einer Quelle bei dem kleinen Hügel wurde das Haupt Llywelyns sodann gewaschen und später, als sich das geschlagene walisische Heer aufgelöst hatte, an verschiedenen von der englischen Armee eroberten Orten in Cymru gezeigt. Danach wurde der Kopf nach London gebracht, wo man ihn auf dem Torturm der Tower-Festung auf eine Lanze spießte, und dort soll das Haupt des letzten souveränen walisischen Herrschers Llywelyn ap Gruffydd noch jahrelang zu sehen gewesen sein.

Mit dem Tod Llywelyns und der damit verbundenen militärischen Niederlage hatten die Waliser praktisch endgültig ihre schon zuvor oft bedrohte Freiheit und ihre politische Unabhängigkeit verloren; während der folgenden Jahrhunderte wurden sie von den englischen Monarchen häufig grausam unterdrückt. Aber ungeachtet dessen bewahrten sie bis in die Gegenwart herauf die Liebe zu ihrem letzten legitimen Herrscher; von Generation zu Generation blieb der unglückliche Llywelyn ap Gruffydd in ihren Herzen lebendig – und im zwanzigsten Jahrhundert wurde ihm am Ortsrand von Cilmeri ein Denkmal errichtet.

Auf der Anhöhe, wo Llywelyn laut Volksüberlieferung gefallen war, stellten patriotisch denkende Waliser Anno 1902 zunächst eine bescheidene Stele auf. 1956 dann wurde dieser Stein durch einen mächtigen Menhir ersetzt, und am Fuß des Hügels brachte man Memorialsteine zur Erinnerung an den so brutal betrogenen und enthaupteten Herrscher von Cymru an.

Auf einer dieser Gedenktafeln sind die Worte »Ein Llyw Olaf« (»Unser letzter Herrscher«) zu lesen, und sie berührten mich stark, als ich Cilmeri besuchte. Lange stand ich vor dem Memorialstein und spürte die viele Jahrhunderte währende Trauer der walisischen Kelten; schließlich erklomm ich die Anhöhe und umrundete den Menhir in Richtung des Sonnenlaufes, um den Geist Llywelyns zu ehren. Während ich es tat, trug frühherbstlicher Wind feinen Regen heran, der mir wie leises, anderweltliches Weinen vorkam; wenig später klarte

Die metallene Einfassung der Quelle, in der Llywelyns abgeschlagenes Haupt gewaschen wurde.

der Himmel wieder auf, und ich stieg nun in eine schmale, von Bäumen überschattete Kluft hinter dem Hügel hinab, um zu der Quelle zu gelangen, wo einst das Haupt Llywelyns gewaschen worden war.

Der Born ist heute mit einer dunklen, metallenen Einfassung verkleidet; ihr Deckel lässt sich anheben, und nachdem ich ihn geöffnet hatte, erblickte ich den Quellbach, zu dem die englischen Kriegsknechte im Dezember 1282 den abgeschlagenen Kopf des walisischen Herrschers gebracht hatten.

Auch bei dem still rieselnden Wasserlauf verweilte ich, tief in Gedanken versunken, längere Zeit; zuletzt, als ich den Metalldeckel langsam wieder schloss, dachte ich: Der keltische Gott Bran, der schwarze Sonnengott, der mit den Orten Twr Branwen und Dinas Bran verbunden ist, wurde enthauptet und dennoch nicht getötet – und ähnlich soll es mit dir sein, Llywelyn, der du den Sonnengott-Namen Lugh-Belenos trägst.

* * *

Um zum Dorf Cilmeri zu gelangen, fährt man zunächst in die Kleinstadt Builth Wells (Grafschaft Brecknockshire/Landesteil Powys) im südlichen Mittelwales. Cilmeri liegt dann etwa vier Kilometer westlich von Builth Wells und ist von dort aus über die A483 in Richtung Garth und Beulah zu erreichen. Um zur Gedenkstätte für Llywelyn ap Gruffydd zu kommen, durchquert man Cilmeri, am Pub »The Prince Llywelyn« vorbei, bis zum westlichen Ortsrand. Dort erhebt sich der frei zugängliche Hügel mit dem Menhir gleich links der Straße, und der Weg zur Quelle ist von der Gedenkstätte aus beschildert.

CARDIGAN ISLAND

Eine der westlichen Inseln, die Andersweltbrücken sind

In der Einführung zu diesem Buch war bereits die Rede von Cardigan Island: der Insel am nordöstlichen Ende der Mündungsbucht des Flusses Teifi unweit der südwestwalisischen Küstenstadt Cardigan.

Im Angesicht dieses nicht sonderlich großen Eilandes mit seiner sanft ansteigenden und ebenso sanft wieder abfallenden Silhouette durchlebte ich im Sommer 1966 meine Bardenschülerinitiation; als ein noch reichlich unwissender junger Mann stand ich den Kampf mit der Meeresströmung durch und bestand die Prüfung nach uralter keltischer Art. Und weitgehend unwissend war ich damals auch hinsichtlich der jahrtausendealten sakralen Bedeutung der Insel; rein

Cardigan Island – die Insel, die ich intuitiv als Toteninsel erkannte.

intuitiv hatte ich lediglich in meiner frühen Novelle »Land und Meer« dies niedergeschrieben: Als Lebender könne man nicht nach Cardigan Island gelangen, als Toter hingegen schon – und viele Jahre später hatte ich dann herausgefunden, dass in der Bronzezeit eine hochstehende Persönlichkeit auf der Insel bestattet worden war.

In einem Boot, vielleicht in einem der seit Urzeiten in Wales benutzten lederbespannten Curraghs, war der Verstorbene zum Eiland gebracht worden. Mühsam hatte man den Leichnam über die steilen Randklippen der Insel nach oben gebracht und den toten Körper sodann im Rahmen eines Rituals in eine Erdgrube, den Schoß der göttlichen Mutter, gelegt. Danach war über der Grabstätte ein Stein- und Erdhügel errichtet worden, und diesen Mound hatte man mit einem ovalen Graben umgeben, um die Heiligkeit des Bestattungsareals zu betonen.

So in etwa wird es gewesen sein, als die bronzezeitliche Persönlichkeit von fürstlichem Rang, die wohl über einen Sippen- oder Stammesverband geherrscht hatte, auf der Höhe der einsamen Insel beigesetzt wurde. Und die Angehörigen und Gefolgsleute des oder der Toten hatten das Eiland gewiss nicht willkürlich als Bestattungsort ausgesucht – vielmehr hatten sie die Insel sehr bewusst ausgewählt: als eine spirituelle Brücke hin zur Nacht und damit hinüber in die Anderswelt.

Cardigan Island gehört nämlich zu jenen Inseln, die im äußersten Westen vor den britannischen Küsten liegen: dort, wo noch weiter draußen auf der See allabendlich die Sonne untergeht. Anders ausgedrückt: Der in der irdischen Welt sterbende Sonnengott verlässt im Tod die diesseitige Dimension, um während der Nachtstunden die jenseitigen Gefilde von Annwn zu durchwandern und am nächsten Morgen in der Diesseitswelt wiedergeboren zu werden. Doch nicht allein der Gott durchschreitet mit jedem Sonnenkreislauf den heiligen Zyklus von Geburt, Reife, Tod und Wiedergeburt – auch alle anderen Lebewesen und mit ihnen der Mensch bewegen sich von Dasein zu Dasein auf demselben diesseitig-andersweltlichen Pfad.

Der Berührungspunkt dieser Dimensionen aber liegt im Westen; dort, wo der Sonnengott die irdische Welt verlässt, um in die Welt von

Annwn einzutreten – und deshalb erkannten die heidnischen Bewohner Britanniens ihre westlichsten Inseln als Andersweltbrücken: als »Abreiseorte« hinüber nach Annwn. Dies ist der Grund, warum die West-Eilande zu Begräbnisorten wurden, wo man vorzugsweise hochstehende pagane und später auch christliche Personen beisetzte. In einem späteren Kapitel werden wir eine weitere dieser Toten-Inseln kennenlernen – doch vorerst zurück zur Geschichte von Cardigan Island.

Über viele Jahrhunderte hinweg erhob sich der bronzezeitliche Grabhügel auf dem Inselplateau, und zu bestimmten Jahreszeiten werden bei dem Mound wohl Todes- und Reinkarnationsrituale zelebriert worden sein. Im Lauf der Zeit allerdings trugen Wind und Regen den Hügel immer weiter ab, bis schließlich nur noch eine flache Bodenerhebung und ein ebenfalls stark verflachter Grabenzug übrigblieben – aber der sakralen Anziehungskraft von Cardigan Island tat dies keinen Abbruch.

Im sogenannten »Age of Saints«, einer frühmittelalterlichen Epoche, die nach dem Abzug der Römer aus Britannien einsetzte, ließen sich Einsiedlermönche, die dem keltisch geprägten Christentum anhingen, auf der Insel nieder. Der erste Eremit, der auf dem Eiland ankam, errichtete eine einfache Mönchszelle in Trockensteinbauweise und umgab diesen alles andere als komfortablen Unterschlupf mit einem niedrigen Wall aus Grassoden, der wahrscheinlich als Windschutz dienen sollte. Zudem schuf der Einsiedler eine Trinkwasserzisterne, indem er in der ungefähren Inselmitte den Felsboden zu einer großen Mulde aushöhlte, in der sich Regenwasser sammeln konnte.

Es sieht so aus, als hätten im »Age of Saints« häufig Eremiten auf Cardigan Island gelebt – und ihr noch druidisch geprägter frühchristlicher Glaube erlaubte es ihnen, ähnliche geistige Wege zu gehen wie die Heiden, welche die Insel vor ihnen aus spirituellen Gründen besucht hatten. Auch für die Anhänger des keltischen Christentums wird das Eiland eine sakrale Brücke in eine andere Welt gewesen sein; in ihrem Fall in eine paradiesische Dimension – wie sie andererseits wieder den paganen Kelten als eine der Welten von Annwn nicht unbekannt war.

Die Mündungsbucht des Teifi, wo in alter Zeit die Bardenschüler geprüft wurden – und wo auch ich meine Initiation erfuhr. Das Kap, das ich damals zu erreichen versuchte, ist im Bildhintergrund jenseits der bewaldeten Landzunge sichtbar.

Später im Mittelalter, als von der Einsiedlerzelle auf Cardigan Island nur noch Steintrümmer übrig waren, scheint die Insel ein Stützpunkt von Wikingern gewesen zu sein. Denn in einem Dokument aus dem Jahr 1268 wird sie mit dem skandinavischen Namen »Hastiholm« bezeichnet, was entweder »Pferdeinsel« oder »Insel eines Mannes namens Hasti« bedeuten kann.

Dass einst Pferde auf dem nur schwer zugänglichen Eiland weideten, ist unwahrscheinlich; es wäre jedoch möglich gewesen, denn ab dem Spätmittelalter wurden zwar keine Wikingerpferde, aber Rinderherden auf die Insel gebracht. Dies ging jahrhundertelang so; man ließ die Tiere, von Booten begleitet, im Frühsommer zum Eiland schwimmen und trieb sie an bestimmten Stellen über die Klippen zu den Weidegründen hinauf. Im Herbst wurden die Rinder zurückgeholt und teils in ihre heimischen Ställe, teils zu einem Rindermarkt in Cardigan gebracht, der alljährlich stattfand.

Zeitweise diente Cardigan Island in der Neuzeit aber auch als Weidegrund für Schafe – und außerdem hatte die Insel im achtzehnten

Jahrhundert den Ruf, eine Anlaufstelle für Schmuggler zu sein, die mit ihren kleinen Schiffen zwischen Wales und Irland unterwegs waren. In verschiedenen Felshöhlen des Eilandes, so heißt es, versteckten die Schwärzer ihre Konterbande, und teilweise sollen dies Kavernen gewesen sein, die nur bei Ebbe, nicht aber bei Flut zugänglich waren.

In unserer Zeit ist – ganz wie in paganen und frühchristlichen Zeiten – wieder tiefer Friede auf Cardigan Island eingekehrt. Die Insel wurde zum Schutzgebiet erklärt und gehört damit allein der Natur; das Betreten des Eilandes ist höchstens in gut begründeten Ausnahmefällen möglich. Doch es gibt eine ansprechende Alternative: Unweit der Insel liegt auf dem Festland der »Cardigan Island Coastal Farm Park«; von dort aus ist das gar nicht weit entfernte Eiland sehr gut zu sehen – und zudem kann man hier Meeresvögel sowie Seehunde und Delphine beobachten, die sich oft nahe an die Küste heranwagen.

* * *

Ausgangspunkt für eine Fahrt zu dem Küstenabschnitt, vor dem Cardigan Island liegt, ist stets die Kleinstadt Cardigan (Grafschaft Cardiganshire/Landesteil Dyfed) im Südwesten von Cymru. Hat man das Städtchen erreicht, fährt man auf der B4548 (Gwbert Road) noch ein Stück weiter nach Norden, passiert das Dorf Gwbert (ausgesprochen: Gubert) an der östlichen Seite der Teifi-Mündungsbucht und erreicht kurz nach dieser Ortschaft den »Cardigan Island Coastal Farm Park« (kostenpflichtig). Man kann aber von Gwbert aus auch entlang eines Klippenpfades in Richtung der Insel wandern, die dann am Ende dieses Pfades nur noch eine kurze Distanz entfernt ist.

Sehr eindrucksvoll ist der Anblick von Cardigan Island von der anderen Seite der Teifi-Mündungsbucht aus. Man fährt von Cardigan wenige Kilometer zum Dorf St. Dogmaels mit seiner mittelalterlichen Klosterruine, dann weiter zum Strand von Poppit Sands und erblickt die Insel von dort aus im Norden.

BRYN MYRDDIN

In dieser Hügelfestung wurde Merlin geboren

In diesem und in den beiden folgenden Kapiteln wollen wir uns mit Orten beschäftigen, die allesamt mit Merlin zu tun haben. Jedoch nicht mit dem »Zauberer« Merlin, sondern mit dem frühmittelalterlichen Druiden Myrddin (so der richtige, keltische Name; ausgesprochen: Mer-din), dessen reale Persönlichkeit in späteren Zeiten »dank« diverser Dichtungen immer phantastischer verzerrt wurde. Hinter diesem erdichteten Merlin stand jedoch stets der echte Myrddin; ein Großer Wissender, der historisch durchaus fassbar ist. Speziell in Cymru hat Myrddin recht greifbare Daseinsspuren hinterlassen – und eine sehr wichtige derartige Spur findet sich auf dem »Bryn Myrddin«, dem »Hügel Merlins«, unweit der südwestwalisischen Stadt Carmarthen.

Im Zusammenhang mit dieser Anhöhe ist ein Dreizeiler interessant, der sich im »Black Book of Carmarthen« findet: einer Sammlung walisischer Bardentexte, die in ihren ältesten Teilen auf das fünfte und sechste Jahrhundert, also in die Epoche von Arthur und Merlin, zurückgeht. Der Dreizeiler lautet:

»Seitdem ich Wein trank aus weißem Glas
mit unerschrockenen Anführern des Krieges,
ist Myrddin mein Name, der Sohn des Morvryn.«

In diesem kurzen Text wird offenbar eine keltische Namensgebungsfeier beschrieben. Der noch jugendliche Protagonist trinkt mit britannischen Adelskriegern teuren südländischen Importwein aus wertvollen Glasgefäßen und erhält bei dieser feierlichen Gelegenheit seinen endgültigen Namen, der Myrddin lautet: Der Lachende. Und auch der Name von Myrddins Vater wird genannt: Morvryn; übersetzt:

Meerrabe oder Großer Rabe, wobei die erste Variante die wahrscheinlichere ist und der Rabe metaphorisch für einen Krieger steht.

Merlins Vater war also in jedem Fall ein adliger See- oder Landkrieger, und dies besagt indirekt auch die Volksüberlieferung in der Region von Carmarthen. Ihr zufolge war Myrddin der Enkel eines Königs, weil sein Vater mit einer Königstochter verheiratet war. Und auch die Erinnerung an den Namen von Merlins Mutter hat sich in der Region erhalten. Die Gemahlin Morvryns hieß Arwen; dieser Name bedeutet: Junges oder Fruchtbares Ackerland, und er konnte nur von der Angehörigen einer Königssippe getragen werden, denn einzig den Hochadligen war es erlaubt, sich namentlich (und damit spirituell) mit der von ihnen behüteten Erde ihres Stammesgebietes zu verbinden.

Schließlich verbindet die gesamte Volksüberlieferung in Wales die Geburt Myrddins mit Carmarthen. Schon der walisische Name dieser Stadt deutet klar darauf hin: »Caer Fyrddin«, was »Stadt Merlins« heißt. Und ein Stück außerhalb von Carmarthen erhebt sich der »Bryn Myrddin«, der »Hügel Merlins«, von dem eingangs die Rede war – und diese Anhöhe ist, so die regionale Erzähltradition, der Geburtsort des Druiden Myrddin.

Im Sommer 2005 suchte ich den Hügel im Zuge der Recherchen zu meinem Roman »Merlin. Der Druide von Camelot« auf. An seinem Fuß, in der Nähe einer Farm, stellte ich mein Auto ab; dann folgte ich einem Steig, der unter knorrigen Eichen verlief, hinauf zum Hügelplateau. Als ich oben war, schaute ich über Weideland hin – und in einiger Entfernung erblickte ich eine Herde reichlich wild wirkender Ziegen. Langsam näherte ich mich den gehörnten Tieren; plötzlich bildeten sie – die starken Böcke und Geißen außen, die schwächeren Ziegen innen – eine kreisförmige Verteidigungsformation. Ich begriff, dass ich den Sicherheitsabstand, den die Herde verlangte, unterschritten hatte. Ruhig zog ich mich wieder zurück; die Ziegen lösten den Kreis auf und begannen erneut zu weiden, und ich inspizierte das Areal, auf dem ich mich befand, nun genauer.

Zunächst entdeckte ich kein Anzeichen von etwaiger früherer Bebauung – doch als ich die Abbruchkanten des Hügelplateaus abschritt,

Blick vom »Bryn Myrddin« ins Flusstal des Tywi hinab. Ein Wallgraben zieht sich gleich hinter der im Vordergrund liegenden Wiese etwas schräg durchs Bild.

bemerkte ich immer wieder Reste von Wall- und Grabenzügen. Und dies war kein Wunder, denn ich befand mich auf dem Terrain einer eisenzeitlichen Ringwallfestung; einer starken Verteidigungsanlage, die hier auf der weit und breit höchsten Randhöhe des Tywi-Flusstales erbaut worden war.

Wie Ausgrabungen im zwanzigsten Jahrhundert gezeigt haben, entstand die Hügelfestung um das Jahr 400 v. d. Z., und weiter fanden die Archäologen heraus, dass es sich bei der Wehranlage um die stärkste im ehemaligen Stammesgebiet der keltischen Demetier gehandelt hatte. Damit aber bewahrheitete sich die regionale Überlieferung, wonach Merlin auf dem nach ihm benannten Hügel als Enkel eines Königs geboren worden sei – denn die mächtigste Festung der Demetier war natürlich auch der Sitz des Stammeskönigs und seiner Familie.

Die archäologischen Forschungen erbrachten noch weitere Erkenntnisse, die sich auf die Lebenszeit Myrddins bezogen. Es zeigte sich, dass die Hügelfestung von ihrer Erbauungszeit bis zur römischen Eroberung Britanniens ununterbrochen besiedelt war; kurz nach der Okkupation des Landes durch die Römer wurde sie jedoch aufgegeben, und das neue, viel zivilere Stammeszentrum der jetzt unter römischer

Herrschaft lebenden Demetier lag nun dort, wo sich heute der Stadtkern von Carmarthen befindet. Sofort nach dem Abzug der Legionen aber, also im frühen fünften Jahrhundert, kehrte die Königssippe der Demetier auf den Festungshügel über dem Tywi-Tal zurück – und kurz danach wurde Myrddin geboren, der Königsenkel und Sohn des Adelskriegers Morvryn und der Königstochter Arwen.

Die Herrscherfestung, in der Merlin zur Welt kam, war auch im Frühmittelalter noch eine typisch keltische Wehranlage mit wuchtigen, palisadengekrönten Wällen, tiefen Gräben und einem raffiniert angelegten Torbau mit einer vorgesetzten Grabenbrücke aus schweren Balken. Dies zeigen die archäologischen Befunde, und die im Fall des »Bryn Myrddin« so wertvolle Volksüberlieferung wiederum erschöpft sich nicht in Bezug auf den »Hügel Merlins«, sondern weist auf zwei weitere Spuren aus dem Leben des berühmten Druiden und Königssprosses hin, die sich im Umland des »Bryn Myrddin« erhalten haben.

Zum einen steht nahe des Festungshügels ein schlanker Menhir, der »Maen Myrddin« (»Merlins Stein«) heißt und mit dem eine Prophezeiung verbunden ist. Myrddin soll nämlich vorhergesagt haben, dass einst Raben das Blut eines Menschen von diesem Menhir trinken würden – und dies traf in der Frühen Neuzeit ein, als ein Mann bei dem Hohen Stein nach Gold grub, woraufhin der Menhir umstürzte und den Schatzsucher erschlug.

Im »Carmarthen County Museum« schließlich werden Überreste einer uralten Eiche gezeigt, und auch mit ihnen ist eine Weissagung Merlins verknüpft, welche besagt, dass »Caer Fyrddin«, die »Stadt Merlins«, nicht untergehen werde, solange die bewusste Eiche in ihr stehe. Und immerhin gibt es ja bis heute die Reste des Baumes zu sehen…

* * *

Um von Carmarthen (Grafschaft/Landesteil Carmarthenshire) zum »Bryn Myrddin« zu gelangen, fährt man von der Stadt aus auf der A40 nach Osten, passiert den Carmarthen-Vorort Abergwili und nimmt im dortigen Kreisverkehr die erste Ausfahrt links. Gleich darauf teilt sich die kleine Nebenstraße; an der Gabelung hält man sich rechts und fährt, nicht sonderlich weit, bis zu einer Farm, die links der Straße liegt. Es handelt sich um die »Alltyfyrddin Farm« (»Farm am Hügelhang bei/von Myrddin«; ausgesprochen: Athd-a-Verdin Farm). Dort sucht man einen Parkplatz, und der Steig hinauf zum frei zugänglichen Plateau des Festungshügels ist dann gegenüber der Farm zu sehen.

Um zum Menhir »Maen Myrddin« (Aussprache: Mein Mer-din) zu kommen, fragt man am besten auf der Farm (wo es ein kleines Museum zum Thema »Bryn Myrddin« gibt) nach dem Weg zum Hohen Stein, denn dieser ist nicht ganz leicht zu finden. Ob allerdings das Feld, auf dem der Menhir steht, betreten werden darf, hängt von der Erlaubnis der Eigentümer ab.

Das »Carmarthen County Museum« befindet sich im ehemaligen Bischofspalast im Carmarthen-Vorort Abergwili.

DINAS EMRYS

Der Schauplatz des Kampfes zwischen den beiden Drachen

Im Jahr 1997, als ich »Dinas Emrys« (übersetzt: »Festung des Ambrosius«) zum ersten Mal besuchte, tat ich dies in Begleitung eines Studentenpaares von der Universität Bangor; die beiden jungen Waliser zeigten mir damals den Weg zu der nicht ganz leicht zu findenden Hügelfestung im nordwalisischen »Snowdonia Nationalpark«. In späteren Zeiten erklomm ich die Anhöhe von »Dinas Emrys« mehrmals allein, und im September 2005 hatte ich dort eine Begegnung, die mich sowohl spirituell als auch menschlich stark berührte.

Einmal mehr wanderte ich eine Zeitlang auf dem felsigen, mit knorrigen Eichen bewachsenen Hügelplateau mit seiner faszinierenden Geschichte umher; schließlich ließ ich mich bei einem rechteckigen Mauerfundament nieder, das von einem uralten Turm übriggeblieben ist, und hing meinen Gedanken nach. Irgendwann dann näherten sich zwei Männer, die Rucksäcke trugen. Es waren Einheimische; nachdem wir uns eine Weile ausgetauscht hatten, erklärten sie mir, dass sie nach »Dinas Emrys« gekommen waren, um ein Göttinnenritual zu zelebrieren, und da sie inzwischen von meiner heidnischen Weltanschauung wussten, luden sie mich ein, an dem Ritual teilzunehmen.

Gemeinsam hatten wir sodann ein sehr schönes naturreligiöses Erlebnis; der Richtung des Mondlaufes folgend, umschritten wir das in seinem Inneren ein gutes Stück in die Erde hinabreichende Turmfundament und beteten dabei nach Osten, Süden, Westen und Norden. Am Ende des Umschreitungsrituals waren wir zu Freunden geworden; nun setzten wir uns im Zentrum des Mauerfundaments an eine kleine Feuerstelle, und Gwynant und Tom packten ihre Rucksäcke aus.

Das Fundament des hochmittelalterlichen Burgturmes, unter dem sich Mauerwerk aus der Zeit Merlins verbirgt.

Zutage kamen ein Teekessel, Teebeutel, eine Wasser- und eine Milchflasche, eine Zuckertüte, eine Keksschachtel, zwei Trinkbecher mit Löffeln sowie ein Packen Feuerholz. Wenig später stand der Kochkessel, von ein paar Steinbrocken gestützt, über einem munter brennenden Holzfeuer; als der Tee fertig war, teilten ihn Tom und Gwynant mit mir, wobei ich mich, weil wir ja nur zwei Becher hatten, abwechselnd aus den Trinkgefäßen meiner neuen Freunde labte.

Während wir unsere etwas improvisierte Tea-Time genossen, sprachen wir über die mythologische Bedeutung von »Dinas Emrys« – denn dieser einsame Ort im Snowdonia-Gebirgsmassiv ist der Schauplatz von Merlins berühmter Drachenprophezeiung. Als junger Bursche sei Myrddin, so heißt es in den sagenhaften Erzählungen über ihn, zu der Anhöhe gekommen, und auf ihrer Kuppe sei er dem verräterischen britannischen Hochkönig Vortigern begegnet: jenem Mann, der nach dem Abzug der Römer die sächsischen Invasoren nach Britannien gerufen habe. Wegen dieses Verrats an der keltischen Sache sei Vortigern von seinem stärksten Gegner, dessen Name Ambrosius gelautet habe, gestürzt und in die Bergwildnis im Norden von Cymru vertrieben worden. Mit seinen letzten Anhängern habe er sich auf den Felshügel geflüchtet, der später »Dinas Emrys« genannt worden sei, und seine Gefolgsleute hätten sich bemüht, auf der Anhöhe einen schützenden Turm zu erbauen.

Doch das Mauerwerk, das man tagsüber errichtet habe, sei in der Nacht wieder eingestürzt; immer von neuem sei dies passiert – und als nun der junge Merlin aufgetaucht sei, habe Vortigern einen bösen Plan gefasst. Er habe Myrddin festnehmen lassen und seinen Leuten dann befohlen, den Burschen ins Turmfundament einzumauern, damit der Bau dadurch Standfestigkeit gewinne. Merlin indessen habe dem falschen Hochkönig erklärt, dass es einen ganz bestimmten Grund für das Niederbrechen des Mauerwerks gebe. Im Untergrund eines Teiches am Fuß der Baustelle würden nämlich zwei Drachen hausen, die einander allnächtlich bekämpften, und der Streit, der zwischen ihnen tobe, bringe die Turmmauern zum Einsturz.

Daraufhin habe Vortigern den Teichgrund aufgraben lassen. Tatsächlich seien die Drachen zum Vorschein gekommen; der eine sei rot, der andere weiß gewesen – und bei ihrem Anblick habe Myrddin Folgendes geäußert: Der Rote Drache stehe für die Kelten Britanniens, der Weiße Drache für die Sachsen, welche die Insel für sich erobern wollten. Lange werde der Kampf zwischen den Drachen andauern; mehrmals werde der eine die Oberhand gewinnen, dann wieder der andere – zuletzt aber werde der Rote Drache siegen und der Weiße Drache endgültig unterliegen. Und dann, zum Schluss seiner Prophezeiung, habe Merlin dem verräterischen Hochkönig angekündigt, dass dieser noch im gleichen Jahr einen dreifachen Tod erleiden würde.

In der Tat, so die alten Überlieferungen weiter, sei es wenige Monate später zwischen Vortigern und dessen Feind Ambrosius anderswo in Cymru zu einer letzten Schlacht gekommen. Auf dem Höhepunkt dieses Kampfes sei Vortigern, der sich auf einem bereits brennenden hölzernen Turm befunden habe, durch einen Speerwurf tödlich verwundet worden; gleichzeitig sei der Holzturm eingestürzt, und die brennenden Trümmer hätten den sterbenden Verräter unter sich begraben, so dass Vortigern den Tod sowohl durch das Speereisen als auch durch Feuer und herabdonnernde Turmtrümmer gefunden habe.

Der heute stark verlandete Teich, wo die Drachen gekämpft haben sollen.

Dies sind die halb mythischen, halb historischen Geschichten, die mit der Anhöhe von »Dinas Emrys« verknüpft sind – und nach seinem Sieg über den verräterischen Hochkönig soll Ambrosius Herrscher über die britannischen Keltenstämme geworden sein und zudem die Festung im heutigen »Snowdonia Nationalpark«, die nunmehr nach ihm benannt wurde, ohne weitere Störung durch die Drachen vollendet haben. Und noch vor wenigen Generationen waren viele Leute der Meinung, dass das steinerne Turmfundament auf dem Hügelplateau auf die Zeit von Myrddin, Vortigern und Emrys zurückginge – doch dies ist falsch, wie die moderne Archäologie nachgewiesen hat.

Vielmehr stammt das grobe Trockenmauerwerk des Turmsockels aus dem frühen Hochmittelalter; genauer gesagt: aus dem elften Jahrhundert. Das noch erhaltene Mauerwerk gehörte wohl zu einem Wohnturm, der weitere Befestigungsanlagen auf dem Plateau überragte, und diese hochmittelalterliche Burg, die später fast völlig wieder abging, hatte natürlich nichts mit den oben geschilderten dramatischen Ereignissen zu tun.

Die Wissenschaftler fanden aber auch heraus, dass sich unter dem sichtbaren Turmfundament und an anderen Stellen des einstigen

Festungsareals sehr viel ältere Mauerreste befinden. Es sind Relikte, die teils auf die beiden ersten nachchristlichen Jahrhunderte und teils auf das fünfte Jahrhundert zurückgehen – und im letztgenannten Fall befinden wir uns tatsächlich in jener Epoche, aus der Merlins Drachenprophezeiung stammt.

Mehr noch: Auch der Teich, in dessen Untergrund die Drachen gekämpft haben sollen, konnte archäologisch geortet und zeitlich bestimmt werden. Der Pool, der heutzutage kaum noch Wasser enthält, befindet sich am Fuß eines kleinen Steilhanges unterhalb des Turmsockels, und die Wissenschaftler datierten ihn mit hoher Wahrscheinlichkeit auf das erste oder zweite Jahrhundert. Der Teich existierte also zu Myrddins Lebenszeit schon seit vielen Generationen – und wenn man an seinem Rand steht und den Genius Loci, den Geist des Ortes, auf sich wirken lässt, kann es geschehen, dass einem ein anderer Geist sehr nahe kommt: der des berühmten Druiden, der seine prophetischen Spuren in »Dinas Emrys« hinterließ.

* * *

Um nach »Dinas Emrys« zu kommen, begibt man sich zunächst ins Dorf Beddgelert (Grafschaft Caernarfonshire/Landesteil Gwynedd), das an der A498 zwischen den Städten Portmadog und Caernarfon im »Snowdonia Nationalpark« liegt. Von Beddgelert aus fährt man am Gebirgsfluss Glaslyn entlang in Richtung des »Mount Snowdon« bergauf weiter. Schon kurz nach Beddgelert liegt links der A498 ein Informationszentrum des »National Trust« mit dem Namen »Craflwyn« (ausgesprochen: Krav-lu-en). Dort gibt es einen Parkplatz – und dazu Ranger, bei denen man sich nach dem Fußweg nach »Dinas Emrys« erkundigen kann.

Dies sollte man unbedingt tun, denn sonst ist der Weg kaum zu finden. Wenn man dann den Ranger-Anweisungen folgt, passiert man einige alte steinerne Weidemauern und einen malerischen Wasserfall; am Fuß des Festungshügels muss man über zwei Zauntritte klettern, und danach geht es relativ steil und zuletzt durch eine kleine Felskluft zum Festungsareal hinauf. Das Turmfundament findet sich am höchsten Punkt des Hügelplateaus, und vom östlichsten Ausläufer der frei zugänglichen Anhöhe aus hat man einen herrlichen Blick auf den weit unten liegenden »Llyn Dinas« (übersetzt: »See der Festung«).

BARDSEY

Die Westinsel, die manchmal über dem Meer schwebt

Ganz wie Cardigan Island gehört auch Bardsey zu den Inseln im äußersten Westen von Cymru. Die Ynys Enlli (ausgesprochen: Ennis Enth-li), die Insel der Strömungen, wie sie in walisischer Sprache heißt, stellt quasi den ultimativen Endpunkt der nordwalisischen Lleyn-Halbinsel dar, die sich südlich von Anglesey in die Irische See hinaus erstreckt, und wenn man vom letzten Kap der Halbinsel nach Bardsey hinüberblickt, dann erinnert das felsige Eiland an einen riesigen aufgetauchten Wal.

Bei dunstigem Wetter wiederum kann die ohnehin oft entrückt wirkende Insel den Eindruck erwecken, als würde sie über dem Wasser schweben, und daher hieß es in der Vergangenheit, als das Wissen um Annwn noch gegenwärtiger als heute war, dass sich die Ynys Enlli zuzeiten zwischen Diesseits- und Anderswelt bewege und deshalb hohe spirituelle Bedeutung besitze.

Heilig war das Eiland den Menschen seit Urzeiten. Schon im Neolithikum lebten Bauern, Fischer und womöglich auch Schamanen auf Bardsey – und Volksüberlieferungen, die sich mit dem Tod Merlins beschäftigen, sprechen von einer Höhle auf der Ynys Enlli, in welcher der berühmte Druide bestattet worden sein soll. Realiter existiert im Gestein der Insel eine Kaverne, die den Namen »Yr Ogof Myrddin« (»Die Höhle Merlins«) trägt. Die versteckt liegende Kaverne besteht aus zwei Räumen, und Myrddin kann dort tatsächlich einst zur letzten irdischen Ruhe gebettet worden sein, denn in einer anderen walisischen Überlieferung wird Bardsey als »heiliger Platz des Begräbnisses für die Mutigsten und Besten im Land« benannt.

Die Insel Bardsey, wo Merlin bestattet worden sein soll.

Nach christlichem Glauben wiederum sollen auf der Insel zwanzigtausend »Saints« (Einsiedlermönche der keltischen Kirche) in ihren Gräbern liegen. Diese Zahl ist gewiss übertrieben, auch wenn sich schon zu Beginn des Frühmittelalters erste Eremiten auf Bardsey niederließen und schlichte, bienenkorbförmige Wohnzellen aus Steinen für sich erbauten. Im sechsten Jahrhundert entstand dann unter der Leitung eines »Saints« namens Cadfan ein Kloster auf der Insel; eine Abtei, die nach der christlichen Madonna benannt wurde. Dieses Kloster entwickelte sich im Lauf der folgenden Jahrhunderte zu einem der wichtigsten Pilgerziele Britanniens; zuletzt aber, Anno 1537, wurde die Abtei auf Befehl König Heinrichs VIII. von England zerstört.

Heute sind auf Bardsey nur noch Klosterruinen zu sehen – doch als dreifaches uraltes Naturheiligtum blieben die Ynys Enlli und zwei Stätten auf dem Festlandskap ihr gegenüber erhalten.

Die Bardsey-Abtei des Mittelalters wurde der Mutter Jesu geweiht – und dies geschah sicher nicht willkürlich, sondern gewiss aufgrund einer vorchristlichen spirituellen Tradition. Der mittelalterliche Pilgerweg nämlich, der zur Ynys Enlli führte und nach gefährlicher Überfahrt mit kleinen Booten im Marienkloster endete, ging auf einen viel älteren paganen Sakralweg zurück. Denn an jeder Station der christlichen Pilgerroute gab es heidnische Stein- oder Naturheiligtümer. Teils sind diese Zeugen paganer Frömmigkeit bis heute zu finden, teils sind sie in Überlieferungen erwähnt – und am Ende des heidnischen Pilgerweges stand, ebenso wie in späterer christlicher Zeit, die Insel Bardsey. Denn sie bildete zusammen mit den beiden oben schon angesprochenen anderen paganen Sakralstätten auf dem Festlandskap einen heiligen Dreiklang der Göttinnenreligion, und daraus entstand in der christlichen Ära der Madonnenkult.

Das erste Element dieser göttlichen Dreiheit ist ein ganz besonderer Born, der in den schroffen Klippen des Kaps mit dem Namen »Uwchmynydd« gegenüber der Ynys Enlli entspringt. Obwohl die Quelle inmitten der Felsen nur wenige Meter vom Salzwasser entfernt fließt, liefert sie gutes Süßwasser; die Einheimischen nennen sie »Ffynnon Fair« (»Born der Maria«) – und in heidnischer Zeit wurde diese Quelle als Manifestation der weißen oder jungen Göttin erkannt.

Nicht weit von diesem Born entfernt erhebt sich auf einem zur See hin abfallenden Wiesenhang ein schrägstehender, nicht sonderlich hoher Menhir von gelblich-rötlicher Farbe. Er trägt den Namen »Maen Melin« (»Gelber Stein«) und erinnert, wenn man auf seine Längsseiten

Der »Maen Melin« – die in Hockstellung gebärende Göttin

blickt, deutlich an eine Frau von gedrungener Gestalt, die in vornübergeneigter Gebärposition, so wie sie bei manchen Naturvölkern bis heute üblich ist, auf der Erde kauert. Damit ist der Menhir ein Heiligtum der roten oder mütterlichen Göttin, die alles Leben zur Welt bringt – und wenn man vom »Maen Melin« zur Ynys Enlli hinüberschaut, dann erblickt man die dritte Manifestation der Großen Göttin.

Die dem Sonnenuntergang nahe Westinsel, wo der Pilgerweg endet, steht für die schwarze oder alte und weise Göttin, die jegliches Dasein in den Tod und damit in die Anderswelt geleitet – und dem unsterblichen Geist sodann, wieder als weiße Göttin, die nächste Reinkarnation ermöglicht. Die Ynys Enlli verbindet also Tod und Wiedergeburt, und aus diesem Grund ist sie über Jahrtausende hinweg eine Bestattungsinsel gewesen; ein sehr heiliges Eiland, wo »die Mutigsten und Besten im Land« nach uralter Tradition ihre Grabstätten fanden.

Einer dieser Besten war zweifellos Myrddin – und wenn sein Geist in der Höhle auf Bardsey schläft, dann ist er auf seinem anderweltlichen Weg hin zur Wiedergeburt in diesem dunklen Schoß der Göttin unendlich behütet.

* * *

Der beste Blick auf die Ynys Enlli bietet sich vom Kap »Uwchmynydd« (ausgesprochen: l-uch-minith) am äußersten Ende der Lleyn-Halbinsel (Grafschaft Caernarfonshire/Landesteil Gwynedd) aus. Man fährt zunächst den Küstenort Aberdaron an und folgt von dort dem einzigen nach Westen führenden Sträßchen. Etwa einen halben Kilometer nach Aberdaron hält man sich an einer Straßengabelung links, kurz darauf biegt man an einer weiteren Gabelung rechts ab und fährt dann auf dieser einspurigen Straße weiter bis »Uwchmynydd«. Dort kann man kostenlos auf einer Wiese mit herrlicher Aussicht auf die Insel Bardsey parken und die Gegend natürlich auch zu Fuß erkunden.

Wenn man vom Wiesenparkplatz abwärts (nach Südwesten) in Richtung der Klippen geht, findet man den »Maen Melin«. Die Sakralquelle befindet sich nahebei in den Küstenfelsen, die an dieser Stelle eine Kluft bilden. Sie ist aber nur schwer zu entdecken, und der Abstieg zu ihr ist gefährlich. Risikolos ist es, nach einem rechteckigen Erdwall zu suchen, der an einer ebenen Stelle zwischen

Menhir und Parkplatz liegt; bei ihm handelt es sich um die Umfriedung einer verschwundenen Pilgerkirche.

Bootsfahrten nach Bardsey sind möglich; Informationen dazu gibt es unter dem Suchbegriff »Bardsey Boat Trip« im Internet.

BEDD TALIESIN

Das frühmittelalterliche Bardengrab aus der Bronzezeit

Die folgenden unsterblichen Verse, welche den keltischen Seelenwanderungsglauben dokumentieren, dichtete der im inselkeltischen Kulturkreis bis heute hochgeachtete Barde Taliesin im sechsten Jahrhundert.

Verwandlungen
Ich war da in vielen Erscheinungsformen,
ehe ich die mir gemäße Gestalt fand.
Die schmale Schwertklinge war ich
und bin die vergoldete Lanze gewesen.
(Und werde sie wiedererkennen,
wenn sie sich mir von neuem zeigen.)
Ich war ein Regentropfen in der Luft
und war ein leuchtender Stern am Himmel.
Das Wort in einem Buch war ich
und bin im Beginn ein Buch gewesen.
Ich war das Licht in einer Lampe,
dreimal in Folge, je eine Zeit.
Eine Brücke war ich und spannte mich
über dreimal zwanzig Flüsse.
Als Adler kreiste ich in den Lüften
und durchpflügte als Schiff das Meer.
In der Schlacht führte ich die Krieger,
war das Band an der Windel des Säuglings.
Das Schwert in einer Hand war ich

und das Schild im Kampf.
Eine Harfensaite bin ich gewesen,
neun Jahre lang,
dann vom Zauber gebannt für ein Jahr
in das Gischten des Meeres.
Ich war der Schürhaken im Feuer
und war ein Baum tief im Dickicht.
Nichts existiert, mit dessen Wesen
ich mich nicht verbunden hätte.
Wasser und Schaum bin ich gewesen,
ebenso der Schwamm, der im Feuer glüht.
Bin in der Tat ein geheimnisvolles Holz.

In druidischem Bewusstsein, das von sehr hochstehendem, im Gedicht ausgedrückten spirituellen Wissen geprägt war, lebte der frühmittelalterliche Barde Taliesin. Und sein Grab fand er, so einmal mehr die walisische Volksüberlieferung, auf einer Anhöhe über der westwalisischen Küste; dort wo der Fluss Dyfi (auch Dovey) in die Irische See mündet.

Von den Walisern wird die Grabstätte als »Bedd Taliesin« (»Grab des Taliesin«) bezeichnet, und als ich danach suchte, fuhr ich zunächst einmal gründlich in die Irre. Denn in der Gegend, wo die Grabstätte liegt, gibt es auch das Dorf Tre Taliesin (Ort des Taliesin), und ich nahm an, dass diese Ortschaft einst der Wohnsitz des Barden gewesen sei und sich sein Grab deshalb dort befinden müsse. Doch dies war ein Trugschluss, wie ich im Pub des Dorfes erfuhr; der Ort wurde erst im neunzehnten Jahrhundert gegründet, und man benannte ihn damals nach dem berühmten Dichter, um Taliesin so zu ehren.

Ich musste also weitersuchen – und zwar, wie man mir in Tre Taliesin geraten hatte, von der nicht sehr weit entfernten Ortschaft Talybont aus. Dort erkundigte ich mich nochmals nach dem Weg; danach steuerte ich meinen Wagen kreuz und quer über schmale Wirtschaftswege zwischen Feldern und Weideflächen, ohne das Bardengrab zu finden – bis ich schließlich einem jungen Farmer auf einem Traktor begegnete.

Ich fragte ihn nach dem »Bedd Taliesin«; er aber gab sich zunächst reserviert und wollte wissen, warum ich denn die Grabstätte suchen würde. Daraufhin erklärte ich ihm, dass mich Taliesins Gedichte sehr beeindruckt hätten; auch sei ich fasziniert von seiner Geburtslegende, die ihn mit der Göttin Ceridwen, seiner geistigen Mutter, in Verbindung bringe. Zunächst sei er Ceridwens menschlicher Diener gewesen; später habe ihn die Göttin dazu getrieben, verschiedene nichtmenschliche Existenzen anzunehmen; zuletzt dann habe sie ihn durch Verschlingen seines Körpers getötet und ihn anschließend wiedergeboren – und dank all dessen sei Taliesin am Ende zu einem der berühmtesten Barden der inselkeltischen Welt geworden.

Nachdem ich dies geäußert hatte, umarmte mich der junge Farmer, und danach brachte er mich, mit seinem Traktor vor mir herfahrend, zum »Bedd Taliesin«. Nahe einer Weidemauer machte mich Dafydd auf die spärlichen Überreste eines künstlich aufgeschütteten Erdhügels und zweier Steinkreise aufmerksam, und danach zeigte er mir die uralte Grabstätte im Zentrum dieser Anlage: ein halb zerstörtes Steinkistengrab, das einst einem aus grauen Felsplatten und kleineren Steinen zusammengefügten Sarkophag geähnelt haben musste.

Still standen wir eine Weile am »Bedd Taliesin«; dann erzählte mir Dafydd, dass der Schriftsteller Emilius Nicholson in seinem Reisebericht »Cambrian Travellers Guide« aus dem Jahr 1840 von einer Ausgrabung an der Grabstätte berichtet habe, die vor seiner Zeit durchgeführt worden sei. Damals hätte man menschliche Gebeine und einen Totenschädel in der Grabkiste gefunden, doch diese Skelett-Teile seien später verschwunden. Und dann sprach Dafydd über einen weiteren Fund, der laut örtlicher Überlieferung irgendwann am »Bedd Taliesin« gemacht worden sei. Auf oder im Grab habe ein goldener Torques gelegen; ein schwerer und sehr wertvoller Halsring, wie ihn keltische Adlige und Druiden getragen hätten – aber auch dieser Goldfund sei schon lange verschollen.

All dies hatte ich nicht gewusst; ich hatte jedoch gelesen, dass das Steinkistengrab, archäologisch nachgewiesen, nicht auf die Lebenszeit Taliesins, sondern auf die sehr viel früher liegende Bronzezeit zurückzuführen ist. Nun befragte ich Dafydd hinsichtlich dieses Wider-

Das bronzezeitliche Steinkistengrab, das im Frühmittelalter zur letzten irdischen Ruhestätte des Barden Taliesin wurde

spruchs, und er meinte, es sei einstmals gar nicht so ungewöhnlich gewesen, aus Steinen erbaute prähistorische Grabstätten für Nachbestattungen zu nutzen. So sei es vor eineinhalb Jahrtausenden wohl auch im Fall des »Bedd Taliesin« geschehen, und die Bewohner der Gegend hätten die Erinnerung an die Beisetzung des Barden in der prähistorischen Steinkiste sodann von Generation zu Generation bis herauf in die Gegenwart bewahrt.

Wenig später fuhr Dafydd auf seinem Traktor davon; ich hingegen blieb noch lange am Grab Taliesins und dachte an sein Leben: Wie er dank seiner poetischen Gabe und seines spirituellen Wissens höchsten Ruhm errungen hatte; wie er hochgeehrt an den Höfen verschiedener Stammeskönige in Wales und zeitweise auch im heutigen Nordengland geweilt hatte – und wie er zuletzt offenbar in seine Heimat im Westen Cymrus zurückgekehrt war, um hier sein irdisches Dasein zu beschließen.

* * *

Das Dorf Talybont (Grafschaft Cardiganshire/Landesteil Dyfed), von dem aus man das »Bedd Taliesin«, relativ gesehen, am einfachsten erreicht, liegt an der A487 zwischen den Städten Aberystwyth und Machynlleth.

Ganz am südlichen Ortsrand von Talybont zweigt eine Nebenstraße nach Osten von der A487 ab; ein kleines Stück weiter in Richtung Ortsmitte biegt ein weiteres Sträßchen nach Nordosten ab. Auf dem fährt man immer geradeaus durch drei winzige Außenbezirke von Talybont mit jeweils nur wenigen Häusern; dann knickt das Sträßchen jenseits des dritten Siedlungsfleckens bei einer kleinen Häusergruppe scharf rechts ab. Gleich darauf zweigt ein Wirtschaftsweg links ab; auf dem fährt man, vorbei an einer kleinen Farm und danach einem Einödhaus, bis zu einer größeren Farm weiter, die man ebenfalls passiert, wobei der Weg dort zunächst eine scharfe Rechtskurve und gleich danach eine scharfe Linkskurve beschreibt. Kurz nach der zweiten Kurve gabelt sich der Wirtschaftsweg; man hält sich hier rechts, und gleich nach der Abzweigung liegt die frei zugängliche Grabstätte zur Rechten und ein wenig höher als der Wirtschaftsweg auf Weideland.

CAMLANN

Das Schlachtfeld, auf dem Arthur und Medraut starben

Im zehnten Jahrhundert verfasste ein Geschichtsschreiber, wahrscheinlich ein Mönch, dessen Name heute nicht mehr zu eruieren ist, ein Buch mit dem Titel »Annales Cambriae« (»Die Annalen von Wales«). In diesem Werk nannte er wichtige historische Ereignisse aus dem Zeitraum zwischen den Jahren 453 und 954, die sich in Cymru, aber auch anderswo in Britannien sowie in Irland ereignet hatten – und einer der Einträge in den »Annalen« lautet so:

»537 – Die Schlacht von Camlann, in der Arthur und Medraut fielen; und in Britannien und in Irland tobte eine Seuche.«

Die Zeitangaben, die in den »Annales Cambriae« gemacht werden, sind nach modernen Erkenntnissen nicht unbedingt zuverlässig, und das könnte auch für die kriegerische Auseinandersetzung von Camlann gelten. Sie dürfte realiter bereits um das Jahr 509 stattgefunden haben, wie ich in meinem Buch »Merlin. Leben und Vermächtnis des keltischen Menschheitslehrers« nachzuweisen versucht habe. Ungleich interessanter als eine nicht sonderlich große Divergenz zwischen Jahreszahlen aber ist für uns Heutige der Schauplatz der Schlacht: Camlann.

Immer wieder wurde versucht, diesen Ort geographisch zu bestimmen. Aufgrund gewisser Namensähnlichkeiten wurden unter anderem die Ortschaften Queen Camel (in der Nähe von Cadbury Castle/Camelot) oder Camelford in Cornwall in Erwägung gezogen; ebenso ein Areal in Nordwestengland, wo in römischer Zeit ein Hilfstruppenkastell mit Namen Camboglanna stand. Alle diese Orte heißen aber eben nicht Camlann, weshalb die Dispute lediglich ziemlich unbefriedigend

Der »Bwlch Oerdrws« – der »Pass der Kalten Tür«

zwischen den unterschiedlichen Örtlichkeiten hin und her gehen konnten. Dies jedoch hätte man sich sparen können – wenn man sich nur einmal mit den Flurnamen Britanniens beschäftigt hätte.

Auf der ganzen Insel nämlich trägt nur eine einzige Flur den Namen, der in den »Annales Cambriae« genannt wird. Und übersetzen lässt sich Camlann (oder in modernem Walisisch Camlan) so: Das keltische Wort Cam bezeichnet etwas, das stark gewunden ist; meist einen kräftig mäandrierenden Fluss oder Bach, und Lann (Lan) steht für das Hochufer eines Gewässers. Camlann bedeutet also: Stark gewundenes Hochufer. Und eine Örtlichkeit, die genauso aussieht und zudem als einziger Ort in ganz Britannien den Flurnamen Camlan trägt, findet sich am Fuß eines gigantischen Bergpasses, der die walisischen Landesteile Powys und Gwynedd verbindet.

Dass Camlann irgendwo in oder bei diesem Pass mit dem Namen »Bwlch Oerdrws« (übersetzt: »Pass der Kalten Tür«; ausgesprochen: Bulch Oir-drus) liegen musste, hatte ich bei den Recherchen zu meinen Merlin-Büchern herausgefunden. Aber es war mir lange nicht gelungen, den exakten topographischen Ort und damit das Schlachtfeld zu lokalisieren, wo Arthur und sein Widersacher Medraut (Mordred) gefallen waren.

Das Schlachtfeld von Camlann. Links oberhalb der Straße ist der Sattelhügel zu sehen. Rechts von ihm (etwas links von der Bildmitte) windet sich die von Bäumen überwachsene Wildbachkluft zu Tal. Ungefähr dort, wo rechts im Bild das Cottage steht, werden sich Arthurs Krieger zum Angriff auf den Sattelhügel formiert haben.

Doch dann, es war im Jahr 2007, als ich einmal mehr in der Gegend des »Bwlch Oerdrws« nach Hinweisen auf die Walstatt suchte, begegnete ich einem Einheimischen, der mir auf meine Frage, ob er Camlann kenne, antwortete: »Aber ja. Uns, die wir hier leben, ist der Ort bekannt, wo die Heere von Arddwr und Medraut vor langer Zeit kämpften.« Sodann deutete er auf einen Hügel am Passfuß und fuhr fort: »Die sattelförmige Anhöhe da drüben ist der eine Teil des Schlachtfeldes. Und der andere Teil liegt unterhalb des Hügels; es ist eine tief eingeschnittene felsige Wildbachschlucht, die sich dort zu Tal windet.«

Bewegt bedankte ich mich bei dem Waliser; dann begab ich mich zu der Walstatt, nach der ich während verschiedener Britannienreisen vergeblich geforscht hatte. Ich wanderte über den Sattelhügel und stellte fest, dass er in der Schlacht eine gute Verteidigungsposition geboten haben musste, denn an vielen Stellen sah ich Felsbuckel, die vor eineinhalb Jahrtausenden sicher noch höher emporgereicht hatten: geschützte Stellungen für Bogenschützen, Steinschleuderer oder Speerwerfer.

Nachdem ich die Anhöhe inspiziert hatte, ging ich zur Bachschlucht weiter; zu einer metertief ins Felsgestein eingekerbten Kluft, die ein natürliches und zweifellos nur schwer zu überwindendes Hindernis nahe der Hügelbasis bildete. Und ich meinte, vor mir zu sehen, wie sich Arthurs Reiterei beim Angriff auf den Passzugang, der vom Sattelhügel gedeckt wurde, an der Bachkluft staute; wie die Überwindung der Wildbachschlucht mehrfach scheiterte – und wie sich daraus die Niederlage für das Königsheer entwickelte, ein Desaster, welches mit dem Tod Arthurs, aber auch mit dem Untergang Medrauts endete.

Halb entrückt stand ich auf dem Schlachtfeld von Camlann; irgendwann sodann, als mein Geist in die Gegenwart zurückgekehrt war, nahm ich ein Eber-Amulett ab, das ich bis dahin auf meiner Brust getragen hatte, und befestigte es mittels seiner Lederschnur am Ast eines Ahornbaumes, welcher ganz nahe an der Bachkluft wuchs. Und so ehrte ich den toten und unsterblichen König, dem seine keltischen Krieger wegen seiner Tapferkeit und seiner Geburt in Tintagel einst den Kampfnamen »Eber von Cornwall« verliehen hatten.

* * *

Um zum »Bwlch Oerdrws« (Grafschaft Meirionnydd/Landesteil Gwynedd) zu gelangen, nimmt man, von Dolgellau im Norden oder von Llangurig bzw. Caersws im Süden kommend, die A470. Von Machynlleth im Westen erreicht man den Pass über die A489 und ab Cemmaes Road ebenfalls über die A470, und von Welshpool im Osten benutzt man durchgehend die A458.

Etwas südlich vor dem Beginn des Passanstiegs liegt das Dorf Minllyn. Von dort aus fährt man auf der A470 nach Norden, passiert die Abzweigung nach Dinas Mawddwy und fährt danach bis zum eigentlichen Passanstieg weiter. Links der Straße liegt dort ein schmaler, langgestreckter Parkplatz, der durch einen kleinen Grüngürtel von der A470 abgetrennt ist – und vom Hang auf der gegenüberliegenden Straßenseite kommt unter Bäumen und Büschen der Wildbach von Camlann herunter. Der Sattelhügel, dessen Einbuchtung nur aus einem bestimmten Blickwinkel zu erkennen ist, liegt links der Bachkluft.

(Noch ein historischer Hinweis: Wenn man vor Ort ist, erkennt man, dass der Talboden im Passzugang früher wegen des vom Berg herabfließenden Bachwassers sumpfig gewesen sein muss. Um diesen gefährlichen Morast zu vermeiden, musste man damals die Anhöhe mit den Felsbuckeln überwinden. – Und warum es für Arthurs Heer so wichtig war, den »Bwlch Oerdrws« zu erstürmen, habe ich in meinem Roman »Merlin. Der Druide von Camelot« erklärt.)

TWR BRANWEN

Der Göttersitz, der mit einer Zwingburg überbaut wurde

Das »Mabinogion«, eine Sammlung mythologischer Geschichten aus dem alten Cymru, berichtet über den »Twr Branwen«, dass auf diesem mächtigen Felshügel an der Küste der nordwestwalisischen Tremadog Bay einst Könige zusammengesessen hätten, um Recht zu sprechen.

An anderer Stelle erzählt das »Mabinogion« von den königlich-göttlichen Geschwistern Bran und Branwen. Sie hätten einst friedlich in ihrer Burg auf dem Küstenhügel gelebt, doch dann habe Bran seine Schwester Branwen dem irischen Herrscher Matholwch zur Frau gegeben. Dieser aber hätte Branwen nach der Hochzeit extrem bösartig behandelt, weshalb es zum Krieg zwischen Cymru und Irland gekommen sei. Nach furchtbaren Kämpfen seien nur noch sieben Waliser und fünf schwangere irische Frauen am Leben gewesen, und der schwerverwundete Bran habe weder leben noch sterben können. Daher hätte er seinen Gefährten Taliesin gebeten, ihm den Kopf abzuschlagen. Und nachdem das Haupt Brans vom Körper befreit gewesen sei, habe es jahrelang mit seinen Freunden gefeiert, ehe es zuletzt in Londinium, dem heutigen London, beigesetzt worden sei, um von dort aus Britannien zu beschützen.

So (sehr kurz gefasst) die Geschichte von Branwen und Bran – und der Felshügel, auf dem sie spielt, ist heutzutage von den Häusern der Kleinstadt Harlech umgeben und mit einer mächtigen mittelalterlichen Burganlage überbaut. Die Festung und der Felsstock, auf dem sie steht, zählen zum Weltkulturerbe, und die Harlech-Region insgesamt ist von großer Schönheit. In dem Burgstädtchen haben viele historische Gebäude überlebt; von der Küstenhöhe aus geht der Blick

Auch als Ruine ist die Burg von Harlech noch imposant. Historisch sehr viel bedeutsamer ist aber der Felshügel, auf dem sie steht – der »Twr Branwen«.

über eine unter Naturschutz stehende Dünenlandschaft und einen weiten Sandstrand auf die See hinaus; im Nordwesten erstreckt sich die Lleyn-Halbinsel mit ihren Bergketten in Richtung Irland, und im Norden erheben sich die Berge des Snowdonia-Massivs.

Es ist wahrlich kein Wunder, dass der »Twr Branwen« von den Kelten als Göttersitz angesehen wurde, wo sich offenbar zu bestimmten Zeiten Stammesfürsten versammelten. Und wenn diese Könige zum Heiligtum des sterbenden und wiedergeborenen Sonnengottes Bran und dessen Schwester Branwen reisten, dann folgten sie wohl einem Sakralweg – denn in den Küstenhügeln bei Harlech ist ein solcher Weg (oder vielleicht nur ein Wegabschnitt) durch eine Reihe kleinerer Menhire markiert.

Bis herauf in die Gegenwart wurde – unter anderem dank des »Mabinogion« – die Erinnerung an die hohe heidnische Bedeutung des »Twr Branwen« bewahrt; Ende des dreizehnten Jahrhunderts aber wurde der seit uralter Zeit heilige Felshügel auf Befehl des englischen Königs Edward I. geschändet.

Edward kämpfte in jenen Jahren gegen den walisischen Herrscher Llywelyn ap Gruffydd, der im Dezember 1282 beim Dorf Cilmeri getötet und enthauptet wurde. Anno 1283 drangen die englischen Truppen bis Harlech vor; nach einigen Scharmützeln besetzten sie die Gegend, und weil sich der hochaufragende »Twr Branwen« mit seinen schroffen Felsflanken als Standort für eine Zwingburg anbot, begannen die Engländer noch im gleichen Jahr mit dem Bau einer solchen Festung.

Sechs Jahre später, Anno 1289, war »Harlech Castle« fertiggestellt. Die Burg mit ihrem gewaltigen Torbau und den vier mächtigen Ecktürmen bildete jetzt ein Glied der Festungskette, mit der Edward I. Gwynedd, den von besonders freiheitsliebenden Kelten bewohnten nordwestlichen Landesteil von Cymru, eingekesselt hatte. Und »Harlech Castle« besaß nicht nur die Stärke seiner Mauern und Türme, sondern verfügte zudem über ein Wassertor: einen seeseitigen Torbau, wo Schiffe anlegen konnten. Denn zur damaligen Zeit reichte das Meer noch bis direkt an den Fuß des »Twr Branwen« heran; erst viel später schoben sich hohe Dünen zwischen die Steilküste und die See.

Gut ein Jahrhundert lang saßen englische Kriegsleute auf der Burg – doch im Jahr 1404 wendete sich das Blatt. Anno 1400 hatte Owain Glyndwr, ein walisischer Hochadliger, seine Landsleute zum Freiheitskampf gegen die Engländer aufgerufen; in den folgenden Jahren schüttelte Cymru die Fremdherrschaft fast völlig ab, und schließlich eroberten die Waliser auch »Harlech Castle«. Ab 1404 residierte Glyndwr als Herrscher von Cymru auf der Festung über dem Meer – Anno 1409 aber okkupierten erneut englische Truppen die Macht in Gwynedd.

»Harlech Castle« fiel; Glyndwr allerdings konnte fliehen und führte noch einen jahrelangen Guerillakrieg gegen seine Feinde. Sein Stützpunkt in dieser Zeit war eine Höhle im Snowdonia-Massiv; von dort brachen Owain und seine Waffenbrüder zu ihren Raids gegen die Engländer auf, denen sie freilich nur noch Nadelstiche zu versetzen vermochten. Ab 1413 sodann, Cymru stand nun wieder völlig unter englischer Herrschaft, wurde es still um Owain Glyndwr. Wo und wie er starb, ist unbekannt; er verschwand spurlos – und dieses geheimnisvolle Verschwinden erweckte bei vielen walisischen Kelten die Hoffnung, dass er, ähnlich wie König Arthur, irgendwann wiederkehren werde.

Im fünfzehnten Jahrhundert, als die sogenannten Rosenkriege zwischen den Häusern Lancaster und York ausgefochten wurden, war auch »Harlech Castle« wieder schwer umkämpft. Dasselbe gilt für das Jahr 1647, als die Festung nach langer Belagerung von Anhängern Oliver Cromwells erobert wurde.

Später verlor die Burg allmählich ihre Bedeutung und begann zu verfallen. Im frühen zwanzigsten Jahrhundert wurden staatliche Restaurierungsmaßnahmen eingeleitet, die Jahrzehnte andauerten und letztlich sehr erfolgreich waren, so dass praktisch die gesamte Bausubstanz der mittelalterlichen Festung mit Ausnahme der einstigen Innenausbauten der Räume gerettet werden konnte. 1986 schließlich wurde »Harlech Castle« zum Weltkulturerbe erklärt, und in der Gegenwart zieht die Burg Besucher aus halb Europa an.

Nach wie vor trägt der uralte Sakralhügel »Twr Branwen« das Mauerwerk der nunmehr friedlichen Festung, und man kann den nicht überbauten Bereich der felsigen Anhöhe vom Inneren der Burg aus betreten. Ich habe es getan; habe dort draußen meditiert und habe die Begegnung mit dem paganen Geist des Ortes sowie mit Branwen und Bran gesucht – und die spirituelle Erfahrung, die ich dabei machte, war sehr bereichernd.

* * *

Harlech (Grafschaft Merionethshire/Landesteil Gwynedd) liegt ein Stück südlich vom Ansatz der großen Lleyn-Halbinsel direkt am Meer. Von Süden her ist Harlech am besten auf der A470 bis Dolgellau und danach auf der A496 über Barmouth zu erreichen; von Osten oder Nordosten her fährt man Dolgellau ebenfalls auf der A470 beziehungsweise auf der A494 an und biegt dann nach Barmouth ab. Von Norden her erreicht man Harlech am schnellsten über die A487 und dann die A496 über Caernarfon und Porthmadog. Öffnungszeiten der Burg u.a. hier: cadw.gov.wales/daysout/harlechcastle/?lang=en

TOMEN Y MUR

Der weltferne Ort, wo sich Jahrtausende begegnen

Kelten, Römer, Normannen, walisische Bauern, ein deutscher Bomberpilot sowie eine göttlich schöne Frau namens Blodeuwedd – sie alle geben sich ein Stelldichein in »Tomen y Mur«, dem »Burghügel in der Mauer«.

Das ungemein geschichtsträchtige Areal, das diesen Namen trägt, liegt weltabgeschieden im »Snowdonia Nationalpark«. Als mich vor einigen Jahren ein ortskundiger Freund hinbegleitete, sah ich zunächst nichts weiter als ruppig wirkende Wildwiesen, auf denen Schafe grasten, und in einiger Entfernung ein paar niedrige Anhöhen. Doch dann stach mir ein regelmäßig geformter Rundhügel ins Auge: eine mittelalterliche Burgmotte.

Gespannt spähte ich zu dem oben etwas eingedellten Burghügel hinüber, auf dem keinerlei Gebäudereste mehr zu erkennen waren; gleich darauf gewahrte ich in seiner Nähe bei einer Baumgruppe die Ruinenmauern eines Steinhauses. Und als mein Begleiter und ich in Richtung der Motte gingen, stießen wir immer wieder auf Erdwälle und Mauerreste: Relikte aus römischer Zeit, wie auf Informationstafeln zu lesen war. Zuletzt sodann setzten wir uns bei der Hausruine nieder und rekapitulierten, was wir über »Tomen y Mur« wussten.

In vorchristlicher Zeit gehörte die Gegend, in der wir uns befanden, zum Stammesgebiet der keltischen Ordovicen. Im ersten nachchristlichen Jahrhundert dann stießen die Römer, nachdem sie bereits den Süden Britanniens unterworfen hatten, auch in den Westen der Insel vor. Die Ordovicen leisteten heftigen Widerstand, weshalb es laut dem römischen Geschichtsschreiber Tacitus zu furchtbaren Kämpfen kam. Am Ende siegten die Römer; die Kelten wurden unterworfen – und die überlebenden Ordovicen mussten hinnehmen, dass ihre Feinde zur Festigung ihrer Herrschaft verschiedene Militärkastelle errichteten. Darunter war auch ein Kastell, in dem tausend Reiter stationiert wurden: jenes auf dem Areal von »Tomen y Mur«.

All dies geschah um das Jahr 78 herum, und während der folgenden Jahrzehnte kehrte wohl so etwas wie ein brüchiger Friede ein, denn im frühen zweiten Jahrhundert wurde das Römerkastell verkleinert und beherbergte jetzt nur noch eine Fußtruppe von fünfhundert Mann. Und diese Legionäre führten in dem weltfernen Hügelland ein relativ luxuriöses Leben: Sie verfügten über ein Amphitheater, ein Badehaus, einen Paradeplatz und ein Gästehaus; auch gab es einen Tempel sowie gute Straßen, die das Kastell mit der Außenwelt verbanden – und für einige prominente Römer, die hinter den Kastellmauern verstorben waren, hatte man Hügelgräber angelegt.

Dann jedoch, in der Mitte des zweiten Jahrhunderts, wurde das Römerkastell aufgegeben. Die Legionäre zogen ab, und die Ordovicen, die nach wie vor in der Gegend siedelten, waren wie früher die Herren des Landes. Mehr noch: Offenbar übernahm eine keltische Hochadelssippe das verlassene Kastell und nutzte es als komfortablen Fürstensitz.

Die mittelalterliche Burgmotte von »Tomen y Mur« mit meinem walisischen Freund Gwynant

Wie lange die ordovicischen Adligen unter den römischen Dächern lebten, lässt sich nicht mehr sagen; es ist jedoch gut möglich, dass das einstige Legionärskastell viele Generationen lang als keltischer Herrschersitz diente. Gesichert ist aber eine spätere historische Entwicklung: Im elften Jahrhundert kamen erneut fremde Eroberer in den Nordwesten Cymrus, und diesmal handelte es sich um Gefolgsleute des anglonormannischen Königs William II., genannt Rufus, den wir im Knowlton-Kapitel dieses Buches im Zusammenhang mit seinem tragischen Tod im südenglischen »New Forest« bereits kennengelernt haben.

Dieser Feudalherrscher trachtete danach, seine Macht im Westen Britanniens bis zur Irischen See auszudehnen. Daher schickte er Truppen nach Wales, um dieses keltische Rückzugsgebiet zu unterwerfen, und so stieß eine starke Militäreinheit auch zu jenen Kelten vor, die dort lebten, wo die Römer einst das Reiterkastell erbaut hatten. Gewiss wurden die Aggressoren von einem Adligen kommandiert, wohl von einem kampferprobten Ritter, und dieser Befehlshaber sorgte nun dafür, dass auf dem ehemaligen Kastellareal eine Zwingburg errichtet wurde.

Was sich damals genau abspielte – ob es Kämpfe gab, oder ob sich die Ordovicen beim Auftauchen der Anglonormannen zurückzogen – lässt sich nicht mehr eruieren. Tatsache ist jedoch: Am höchsten Punkt der einstigen römischen Befestigungsanlage wurde eine Motte aufgeschüttet, und auf ihr erbauten die fremden Kriegsleute einen hölzernen Burgturm. Als der aus schwerem Balkenwerk gezimmerte Wehrturm stand, wurde die Turmhügelburg durch einen Palisadenzaun, in dem sich ein Torbau befand, gesichert. Damit war die Festung fertiggestellt; im Turm residierte jetzt der Anführer der Militäreinheit mit seinen engsten Vertrauten, und in einem Hüttendorf am Fuß des Burghügels hausten die Waffenknechte.

Im Englischen trägt eine solche Wehranlage den Namen »Motte & Bailey-Castle« (»Festungshügel & Außendorf-Burg«) – und die Kelten, auf deren Territorium die Zwingburg errichtet worden war, bezeichneten diese nun (oder auch erst in späteren Zeiten) als »Tomen y Mur«, was, wie oben bereits dargelegt, »Burghügel in der (Römer)-Mauer« bedeutet.

Im Vordergrund Mauerreste der Farmgebäude; in der Bildmitte eine rekonstruierte römische Zinnenmauer und im Hintergrund die Burgmotte.

Sehr lange allerdings mussten die in der Gegend von »Tomen y Mur« lebenden Ordovicen die Fremdherrschaft nicht ertragen. Schon bald gaben die Besatzer ihre Festung wieder auf und zogen sich, ähnlich wie ein Millennium zuvor die Römer, aus dem abgelegenen Landstrich zurück. Neuerlich hatten die Kelten das Sagen in ihrem angestammten Siedelgebiet, und archäologische Befunde deuten darauf hin, dass nunmehr die von ihren Erbauern geräumte Burg als Sitz einer ordovicischen Adelssippe diente. Sonst ist über die weitere Geschichte von »Tomen y Mur« nichts bekannt – Informationen gibt es erst wieder aus dem neunzehnten und zwanzigsten Jahrhundert.

Anno 1868 wurde unterhalb der Motte ein Farmhaus mit einigen Nebentrakten erbaut; dabei wurden für große Teile der Gebäude römische Mauersteine benutzt. Bis zum Zweiten Weltkrieg war die Farm in Betrieb; während des Krieges blieb sie unbewohnt – und als in den Jahren 1940/1941 die Luftschlacht um England tobte, wurde »Tomen y Mur« von Bomben getroffen. Deutsche Kampfpiloten flogen damals über die Irische See hinweg Angriffe auf Liverpool, und einer dieser Piloten warf mehrere Brandbomben auf die Farm ab, wodurch freilich nur ein Kuhstall zerstört wurde. Warum der Deutsche ausgerechnet die Farmgebäude attackierte, weiß man nicht – eine Möglichkeit wäre jedoch, dass der Kampfpilot kein Britenhasser war und seine Bombenlast deshalb lieber über einer einsamen Gegend statt über der Großstadt Liverpool ablud.

Soweit die Geschichte von »Tomen y Mur«, die ich bei meinem ersten Besuch dort zusammen mit meinem walisischen Freund rekapitulierte – und zuletzt kamen wir auf das »Mabinogion« zu sprechen, wo der »Hügel in der Mauer« ein Stück jenseits der reinen historischen Realität eine nicht unbedeutende Rolle spielt. In seiner Eigenschaft als keltischer Adelssitz ist »Tomen y Mur« nämlich in einer der Erzählungen des »Mabinogion« Schauplatz einer hochdramatischen mythologischen Liebesaffäre.

Im Mittelpunkt der Geschichte steht Blodeuwedd, eine junge, aus Blumenblüten erschaffene Frau von göttlicher Schönheit, die mit einem alten König namens Llew verheiratet ist. Beide leben im Fürstenpalast von »Tomen y Mur«; eines Tages dann verreist Llew und lässt seine Gattin lange Zeit allein. Blodeuwedd tröstet sich mit Goronwy, einem jugendlichen Jäger; zwischen beiden entsteht eine große Liebe, und damit sie nicht wieder voneinander lassen müssen, beschließen sie, Llew zu töten. Nach großen Mühen gelingt ihnen dieses Vorhaben; Llew stirbt aber nicht wirklich, sondern er verwandelt sich, nachdem ihn Goronwys Speer durchbohrt hat, in einen Adler. In Vogelgestalt flieht er; später wird er wieder zum Menschen, tötet nun Goronwy und verzaubert Blodeuwedd in eine Eule.

Natürlich geht es in dieser wunderbar keltisch-heidnischen Erzählung nicht um Mord und Eifersucht; vielmehr um göttliches Handeln im Rahmen des Lebenskreislaufes. In Blodeuwedd ist die junge, weiße Göttin Brigid zu erkennen, während ihr Gatte Llew – sein Name ist eine jüngere Form des altkeltischen Götternamens Lugh – der alternde (abendliche) Sonnengott ist. Goronwy wiederum ist der jugendliche (morgendliche) Sonnengott, der seine Llew-Emanation töten muss, um Brigid ganz besitzen zu können – oder anders ausgedrückt: Der junge, weiße Sonnengott verwandelt seine absterbende, schwarze Erscheinungsform in den Adler, der in die Anderswelt entschwindet, und er tut dies, damit er zusammen mit der Göttin den irdischen

Lebenszyklus durchwandern kann. Zuletzt, als dieser Lebenskreislauf vollendet ist, tauschen Goronwy und Llew ihre Rollen; der nun wieder starke (wiedergeborene) Llew »tötet« den jetzt schwachen (alten) Goronwy – und zum Zeichen dafür, dass Goronwys und Blodeuwedds Lebenszyklus vollendet ist, wird Brigid-Blodeuwedd in den Nachtvogel, die Eule, verzaubert.

Lange sprachen mein walisischer Freund und ich, bei der Farmhausruine sitzend, über diese Göttergeschichte aus dem »Mabinogion«. Und wir stellten uns dabei vor, wie Barden sie den ordovicischen Adligen in »Tomen y Mur« vorgetragen hatten; wieder und wieder, über Jahrhunderte hinweg, bis die Erzählung im Hochmittelalter zusammen mit anderen vorchristlichen Geschichten der Waliser niedergeschrieben wurde.

Erst als der Sonnengott sich mit der Abenddämmerung verabschiedete, verließen wir den Ort, wo sich Jahrtausende begegnen und zwischen uralten Steinen keltische Mythen weben.

* * *

Es ist nicht ganz einfach, »Tomen y Mur« (ausgesprochen: Tomen a Mir) zu finden; der beste Startpunkt ist das Dorf Maentwrog (Grafschaft Merionethshire/ Landesteil Gwynedd), das zwischen den Städten Penrhyndeudraeth (westlich) und Ffestiniog (östlich) liegt.

Am Nordrand von Maentwrog mündet die A496 (die durch den Ort führt) in die A487 ein. Auf dieser fährt man wenige Kilometer nach Osten, passiert das Dorf Gellilydan, fährt kurz darauf an der Einmündung der A470 in die A487 vorbei und nimmt danach die zweite (einspurige) Ausfahrt links. Gleich nach der Abzweigung unterquert man eine Bahntrasse; dann bleibt man, verschiedene Seitenwege vermeidend, auf dem Sträßchen, bis man zu einem Parkplatz kommt. Er ist mit »Tomen y Mur« gekennzeichnet, und das frei zugängliche historische Areal liegt ganz nahe, wobei man sich gut an der Motte orientieren kann.

DOLBADARN CASTLE

Die Llywelyn-Festung bei den Heiligen Steinen

»Dolbadarn Castle« – das ist ein wuchtiger runder Wohnturm aus dem ausgehenden Hochmittelalter, der, flankiert von dunklen Schieferbrüchen und einem ebenfalls oft dunkel wirkenden See, am Fuß des zum »Mount Snowdon« emporführenden Llanberis-Passes aufragt. Die Landschaft um den von Ruinenresten umgebenen Burgturm und mehr noch der Bergpass faszinieren durch wilde, archaische Ausstrahlung, auch wenn die ungebärdige Majestät der Natur da und dort durch die Narben industriellen Schieferabbaus beeinträchtigt ist – und was den mittelalterlichen Turm betrifft, so bewahren seine Mauern die Erinnerung an teils freudige, teils finstere historische Ereignisse.

In der ersten Hälfte des dreizehnten Jahrhunderts, als »Dolbadarn Castle« erbaut wurde, erlebte Cymru so etwas wie eine kriegerische Blütezeit. Llywelyn ap Iorwerth (1173 – 1240), der Großvater des bei Cilmeri getöteten Llywelyn ap Gruffydd, befreite damals dank erfolgreicher Kriegszüge und kluger Diplomatie praktisch ganz Wales von der englisch-normannischen Feudalherrschaft, und um seine eigene Macht zu sichern, ließ er eine Reihe von Burgen erbauen. Eine dieser typisch walisischen Festungen, die meist bescheidener als englische Zwingburgen angelegt waren, ist »Dolbadarn Castle«, und mit der Geschichte dieser Burg wollen wir uns nun näher beschäftigen.

Als Standort für die Festung wurde ein Felshügel gewählt, auf dem bereits im sechsten Jahrhundert eine Wehranlage existierte; eine Ringwallfestung, die im Herrschaftsgebiet von Maelgwn (oder altkeltisch: Maglocunos) Gwynedd stand. Übersetzt bedeutet der Name dieses keltischen Herrschers: Königlicher Hund von Gwynedd, wobei die durchaus ehrenvolle Bezeichnung Hund ein Synonym für einen tapferen

Der mächtige runde Wohnturm von »Dolbadarn Castle«.

Krieger ist. Und die Position für Maelgwns Festung wurde offenbar mit großem Bedacht festgelegt, denn einerseits kontrollierte die frühmittelalterliche Burganlage den Zugang zum Llanberis-Pass – und andererseits erhebt sich direkt neben dem Festungshügel eine weitere Anhöhe, die eindeutig ein heidnischer Sakralort ist.

Von diesem Sakralhügel wird später noch die Rede sein; zunächst aber zurück zur Llywelyn-Burg. Ganz wie einstmals Maelgwns Ringwallfestung bewachte auch die hochmittelalterliche Burg den Bergpass und schützte damit die jenseits des »Mount Snowdon« liegenden Regionen von Gwynedd. Zudem ist »Dolbadarn Castle« nicht weit von der Menai Strait entfernt; der Meerenge zwischen dem nordwalisischen Festland und der Insel Anglesey, und daher konnten auch diese Landesteile von der Burg aus gut beobachtet und notfalls verteidigt werden.

Zur Lebenszeit von Llywelyn ap Iorwerth ging es allerdings eher friedlich auf »Dolbadarn Castle« zu. Llywelyn wird andere Adlige zu Festmählern eingeladen haben; bei Braten und Wein wurden politische Bündnisse geschmiedet oder Heiraten zwischen jungen Angehörigen von Dynastenfamilien vereinbart, und zudem traten immer wieder Barden auf, die in ihren Dichtungen die Mythen des britannischen Keltentums und die Taten keltischer Helden lebendig erhielten.

So in etwa kann man sich das Leben auf »Dolbadarn Castle« in der Epoche des walisischen Herrschers Llywelyn ap Iorwerth vorstellen – doch bald nach seinem Tod im Jahr 1240 wurde der Wohnturm der Burg zum Schauplatz eines finsteren Geschehens. Anno 1255 war Llywelyn ap Gruffydd, der Enkel des Erbauers der Festung, zum walisischen Landesherrn aufgestiegen, und dieser Fürst ließ nun seinen Bruder Owain ap Gruffydd in der Burg am Fuß des Llanberis-Passes einsperren.

Dies geschah freilich nicht grundlos, denn Owain hatte zuvor Krieg gegen seinen älteren Bruder geführt, und jetzt, ab dem Sommer 1255, musste er dafür büßen. Ob Owain allerdings in einem Kerker im recht gut erhaltenen Untergeschoss des Wohnturmes schmachten musste, oder ob er in einem bequemen Gemach im ersten oder zweiten Obergeschoss des Turmes inhaftiert war, ist unklar. Gesichert ist nur, dass er bis zum Jahr 1277 in »Dolbadarn Castle« festgehalten wurde; erst dann, nach zweiundzwanzig Jahren, gab ihm Llywelyn ap Gruffydd die Freiheit zurück, und bald darauf, Anno 1282, starb Owain – wobei es das Schicksal wollte, dass sein Bruder Llywelyn im gleichen Jahr bei Cilmeri den Tod fand.

Bald nach dem Todesjahr der verfeindeten Brüder geriet Wales wieder unter englische Herrschaft. König Edward I. ließ den Gürtel seiner mächtigen Zwingburgen rings um Gwynedd errichten, und eine dieser Festungen wurde direkt gegenüber der Insel Anglesey erbaut. Es handelte sich um »Caernarfon Castle«, und da Baumaterial zu jener Zeit teuer und oft auch schwierig zu beschaffen oder zu transportieren war, befahl Edward, das für ihn relativ nutzlose »Dolbadarn Castle« auszuschlachten und die Balken und Mauersteine nach Caernarfon zu bringen.

Einzig der runde Wohnturm der walisischen Burg überlebte; alle anderen Festungsgebäude verschwanden bis auf die Grundmauern – und was den Turm anging, so diente er während des vierzehnten Jahrhunderts noch als Sitz eines englischen Landadligen. Danach wurde er allmählich zur Ruine, die im achtzehnten und neunzehnten Jahrhundert von romantischen Landschaftsmalern geschätzt wurde – und eine dunkle, romantisch-geheimnisvolle Ausstrahlung besitzt der Burgturm bis heute.

»Dolbadarn Castle« wurde, wie bereits gesagt, auf einem Felshügel errichtet, und ich habe auch schon erwähnt, dass es sich bei einer benachbarten Anhöhe um einen paganen Sakralort handelt. Denn auf diesem Hügel gibt es Großsteinsetzungen – und im spirituellen Kontakt mit ihnen hatte ich zur Zeit der Jahrtausendwende ein beinahe magisches Erlebnis.

Brutal erkältet kam ich damals in einem Gästehaus in Harlech an, mit dessen Inhabern Mick und Sandra ich befreundet war. Es ging mir so schlecht, dass meine Gastgeber mir dringend rieten, einen Arzt aufzusuchen, was ich aber ablehnte, weil ich einen Horror vor Arztpraxen habe. Ich weigerte mich also strikt, und daraufhin sagte Sandra zu mir: »Dann müssen wir das anders machen. Gleich morgen fährst du zum ›Dolbadarn Castle‹, das du ja kennst. Dort steigst du auf den kleinen Hügel seitlich vom Burgberg. Auf ihm wirst du Menhire finden, und da du dich mit ihnen auskennst, wirst du wissen, was du tun musst.«

Am nächsten Tag, ich fühlte mich noch immer sehr elend, folgte ich Sandras Rat. Mühsam bestieg ich die bewusste Anhöhe und erblickte

Eine der Steinsetzungen auf dem Hügel neben »Dolbadarn Castle«

in ihrem oberen Bereich eine Reihe von Großsteinen; zwischen ihnen standen abgestorbene oder stark verkrebste Bäume. Angesichts dessen zog ich mich wieder zurück, suchte tiefer am Hang nach weiteren Steinsetzungen und fand in der Nähe von sehr gesund aussehenden Bäumen eine Dreiergruppe von Menhiren. Ein einzelner Stein korrespondierte dort mit einem Steinpaar; ich ließ die Schwingungen der Menhire auf mich wirken; spürte, wie ich die Steine umschreiten sollte, und gehorchte den Anweisungen der Menhire, die mich auf verschlungenen Pfaden leiteten.

Nach dem Umschreitungsritual dankte ich den Großsteinen und den an ihren Standorten wirkenden Erdkräften; dann begab ich mich hinüber zum Burgareal und setzte mich beim Rundturm auf einen sonnenwarmen Mauerrest. Eigentlich wollte ich mich nur ausruhen und danach zurück nach Harlech fahren, aber daraus wurde nichts. Denn nach kurzer Zeit war es mir, als würde meine Krankheit von mir abfallen; ich fühlte mich wieder völlig gesund, und so kam es, dass ich – dank der Heilkraft der uralten sakralen Steinsetzungen von »Dolbadarn« – tiefer in die großartige Bergwelt von Snowdonia hineinfahren und in ihr einen unbeschwerten Tag verbringen konnte.

* * *

»Dolbadarn Castle« liegt am östlichen Ortsrand der Kleinstadt Llanberis (Grafschaft Caernarfonshire/Landesteil Gwynedd), die man am besten von Caernarfon aus auf der A4086 (über das Dorf Llanrug) erreicht. Bei den letzten Häusern von Llanberis an der Straße hinauf zum »Mount Snowdon« (nach wie vor die A4086) zweigt auf der linken Straßenseite ein etwas versteckt liegender Weg mit einem kleinen Hinweisschild »Castle« ab. Er führt in eine Senke hinunter, wo es Parkmöglichkeiten für einige Autos gibt. Von dort aus geht man über einen Fußweg ein kurzes Stück zur frei zugänglichen Burg hinauf, die man auf dem Weg zur Rechten hat. Und an der Basis des Burghügels liegt links des Fußweges die Anhöhe mit den Großsteinsetzungen.

Man kann »Dolbadarn Castle« auch vom Großparkplatz unter dem Gipfel des »Mount Snowdon« aus anfahren. In diesem Fall folgt man der A4086 durch den gigantischen Llanberis-Pass talwärts bis zum Stadtrand von Llanberis.

TRE'R CEIRI

Eine Keltenstadt mit 140 erhaltenen Hausfundamenten

»Tre'r Ceiri« taucht als Schauplatz in meinen Romanen »Merlin. Der Druide von Camelot«, »Boadicea. Die letzte Königin der Kelten« und »Die Bischöfin von Rom« auf – und ich habe mich bei der Erarbeitung dieser Bücher dazu entschlossen, weil die mehr als zweitausend Jahre alte und erstaunlich gut erhaltene Keltenstadt ein Ort von sehr großer historischer Bedeutung ist.

Hinsichtlich der Übersetzung des walisischen Ortsnamens herrscht eine gewisse Unklarheit. Oft wird der Name mit »Stadt (oder Ort) der Riesen« übertragen, was aber umstritten ist, weil das walisische Wort für Riesen nicht Ceiri, sondern Cewri lautet. Wahrscheinlicher ist die Übersetzung »Ort der Stadt« – und die Örtlichkeit, wo in der Spätantike die keltische Stadt erbaut wurde, ist allein schon außergewöhnlich.

Es handelt sich um einen der drei Gipfel des Berges »Yr Eifl«, der sich an der Nordküste der Lleyn-Halbinsel erhebt. Die nur schwer begehbaren Hänge unterhalb der Gipfelkuppe sind mit Felsen und Steintrümmern übersät, und oben, den gesamten Bereich des Gipfelareals einnehmend, liegt »Tre'r Ceiri«.

Eine archaische Steinmauer, die in Trockenbauweise errichtet wurde und teilweise noch Wehrgänge sowie mehrere Tordurchlässe besitzt, umschließt den Berggipfel, und im Schutz dieser Mauer haben sich um die einhundertvierzig Gebäudefundamente erhalten. Deren steinernes Mauerwerk ist bisweilen noch brusthoch, und es gibt Relikte von bescheidenen Einraumhütten, aber auch von Häusern mit bis zu drei Räumen. Viele der runden oder gelegentlich auch viereckigen Fundamente bilden bienenwabenartige Strukturen; zwischen den Mauern sind noch immer Wege zu erahnen – und ganz oben auf der Gipfelkuppe ragt ein mächtiger Cairn aus Steinbrocken empor: die Grabstätte einer sehr hochstehenden Person aus der Bronzezeit.

Das Grabmal kennzeichnet den Berggipfel als heidnischen Sakralort; lange bevor »Tre'r Ceiri« entstand, wurden bei dem Cairn Rituale zelebriert, wurden die Geister der Ahnen und das Wohlwollen der Gottheiten beschworen. Später dann, etwa 200 v. d. Z., begannen Kelten mit dem Bau der Gipfelstadt; vermutlich waren es Angehörige des Stammes der Gangani, der ganz oder in Teilen von Irland nach Britannien übergesetzt hatte.

Im Lauf der folgenden Jahrzehnte wuchs die Stadt; als die Römer in der Mitte des letzten vorchristlichen Jahrhunderts in Gallien wüteten und sich dort unter ihrem Befehlshaber Julius Cäsar eines Völkermordes schuldig machten, war »Tre'r Ceiri« bereits vollendet. Und als ein Jahrhundert danach römische Legionen auf die britische Insel vordrangen, besaßen die Kelten der Lleyn-Halbinsel mit ihrer großen Bergstadt auf dem »Yr Eifl« eine starke und vom heiligen Grabmal beschützte Festung.

Einer der gut geschützten Zugänge in die Bergfestung von Tre'r Ceiri

Im Jahr 61 n. d. Z. mordeten die Römer einmal mehr, diesmal auf der in Sichtweite von »Tre'r Ceiri« liegenden Insel Anglesey oder Môn Mam Cymru (übersetzt: Môn, Mutter von Wales). Das Eiland war bis dahin ein Zentrum druidischer Weisheit gewesen; es hatte dort Druidenhaine und Druidenschulen gegeben – doch jetzt landeten Legionäre auf der Insel; schlachteten die Großen Wissenden ab, brannten die Ansiedlungen der Hingemetzelten nieder und zerstörten die Sakralstätten auf Môn.

Die gewaltige Hügelfestung von Tre'r Ceiri aus der Luft gesehen

Es ist jedoch denkbar, dass einzelne Druiden der römischen Mordlust entrinnen konnten. Denn die Legionäre gingen (darüber später im Kapitel »Beaumaris Castle« mehr) im Südosten von Anglesey an Land, und daher hätte es eine Fluchtmöglichkeit vom Inselwesten aus über das Meer hinüber zur Lleyn-Halbinsel und damit nach »Tre'r Ceiri« gegeben. Vielleicht suchten also einige Große Wissende in der steinernen Stadt auf dem Berggipfel Schutz – und was die Sicherheit von »Tre'r Ceiri« angeht, so fanden die Archäologen heraus: Die Bergfestung blieb während der gesamten römischen Besatzungszeit, die bis ins frühe fünfte Jahrhundert andauerte, ein Refugium freier, von Rom unabhängiger Kelten.

Dies gilt allerdings für die Lleyn-Halbinsel allgemein. Während der ganzen Zeit ihrer Herrschaft über Britannien schreckten die Römer offenbar davor zurück, auch diese Region zu erobern und zu besetzen. Der Grund dafür wird einerseits die schwere Zugänglichkeit der damals teils dicht bewaldeten, teils gebirgigen Lleyn-Landschaft gewesen sein; andererseits aber auch die Existenz mehrerer starker Keltenfestungen.

Denn »Tre'r Ceiri« war zwar die größte, jedoch nicht die einzige Bergfestung auf der Lleyn-Halbinsel; im nächsten Kapitel werden wir

Diese Rundhütte wurde einst direkt an die Ringmauer der Hügelfestung angebaut.

eine weitere, nämlich »Carn Fadrun«, kennenlernen, und neben den genannten gab es noch ein paar andere Hillforts. Und wohl deswegen begnügten sich die Besatzer Britanniens damit, am östlichen Ende der Halbinsel eine Grenzbefestigung in Form eines Wallgrabens zu errichten und die westlich davon siedelnden Kelten ansonsten in Ruhe zu lassen.

So blieben die Familien, die in »Tre'r Ceiri« lebten, frei, und die Natur schenkte ihnen, was sie brauchten. Auf dem Talboden am Fuß des »Yr Eifl« konnte Landwirtschaft betrieben werden; die tiefergelegenen Berghänge dienten, ebenso wie noch heute, als Viehweiden, und die nahe See lieferte Fische, Krabben und Muscheln. Auf all dies deuten archäologische Funde hin, die in und um »Tre'r Ceiri« gemacht wurden – und manchmal stößt man beim Gang durch die steinerne Stadt noch immer auf jahrtausendealte Relikte wie etwa Mahlsteine, in denen Brotgetreide zu Mehl zerrieben wurde.

Wenn so etwas geschieht, kommt einem die Welt der spätantiken britannischen Kelten auf einmal sehr nahe. Und falls man in »Tre'r Ceiri«, wie es mir vor Jahren geschah, von dichtem Nebel überrascht wird und die Ringwall- und Gebäudemauern nicht mehr deutlich zu erkennen sind, dann kann sehr leicht ein Gefühl aufkommen, als ob man plötzlich in eine andere, weit zurückliegende Zeit eingetaucht wäre.

* * *

Entlang der Nordküste der Lleyn-Halbinsel (Grafschaft Caernarfonshire/Landesteil Gwynedd) verläuft, von Caernarfon kommend, die A499. Man folgt ihr auf die Halbinsel hinaus, bis man bald hinter den beiden Abfahrten nach Trefor einen Kreisverkehr erreicht. Dort nimmt man die zweite Ausfahrt auf die B4417 und passiert auf dieser Straße das Dorf Llanaelhaearn (ausgesprochen: Thlan-eil-hejarn). Kurz nach diesem Ort liegen am rechten Straßenrand in nicht sehr großem Abstand zueinander zwei Lay-Bys, und ebenfalls rechts steigt der Teil des »Yr Eifl« an, der von »Tre'r Ceiri« gekrönt wird. Man kann in beiden Straßenbuchten parken; zur frei zugänglichen Keltenstadt sollte man aber unbedingt auf einem Pfad gehen, der gleich hinter dem zweiten Lay-By beginnt. Denn wenn man diesen Wanderpfad nicht benutzt, kann der Aufstieg gefährlich werden.

CARN FADRUN

Wo ich dank der Toten meinen Weg wiederfand

Im vorherigen Kapitel war bereits die Rede davon, dass zur Zeit der Römerherrschaft über Britannien auf der Lleyn-Halbinsel außer »Tre'r Ceiri« noch mehrere andere starke Festungen existierten, dank derer die auf der Halbinsel lebenden Kelten ihre Unabhängigkeit bewahren konnten. Und die neben »Tre'r Ceiri« interessanteste dieser Hügelfestungen liegt im Westen der Lleyn-Halbinsel und heißt »Carn Fadrun« (übersetzt: »Steinhügel der Modrun«; ausgesprochen: Karn Vadrin).

Modrun (auch Modron, Madrun oder Matrona) ist eine Muttergottheit der paganen Waliser, und der mit Steinen übersäte Hügel, der nach ihr benannt wurde, ist daher ein uraltes Göttinnenheiligtum. Zugleich bezieht sich der Name Modrun, so gewisse Volksüberlieferungen, aber auch auf eine frühmittelalterliche Adlige: eine Enkelin des verräterischen Hochkönigs Vortigern. Sie soll den Göttinnennamen getragen und in »Carn Fadrun« gelebt haben; war also vielleicht pagane Regentin eines keltischen Sippenverbandes auf der Lleyn-Halbinsel.

Darüber kann natürlich nur spekuliert werden; relativ gut erforscht ist hingegen die Geschichte der diversen Befestigungsanlagen, die sich auf dem »Steinhügel der Modrun« befinden.

Der älteste Teil dieser Festungsbauten – ein Ringwall aus Trockenmauerwerk – geht auf die keltische Blütezeit vor der Ankunft der Römer zurück, und diese Hügelfestung mit ihren etwa neunzig Rundhäusern diente als Stronghold während der römischen Okkupation Britanniens. In spätrömischer Zeit wurde die Festung durch zusätzliche Ringmauern vergrößert, und wieder einige Generationen danach – nun in der Epoche, da Vortigern und Modrun lebten – erfolgte ein weiterer Ausbau der jetzt bereits viele Jahrhunderte alten Ringwallanlage.

Die Festung dieser frühmittelalterlichen Zeit, deren Steinwälle an manchen Stellen noch mehrere Meter hoch sind, verfügte vermutlich über zwei Torbauten im Norden und Süden; die Existenz eines Nordtores ist allerdings nicht ganz gesichert. Nachgewiesen sind dagegen rechteckige Gebäude im Inneren der Wehranlage, und außerdem gab es einen Brunnen, der über einem Quelltopf erbaut worden war. Darüber hinaus schlossen die Festungsmauern ein Steinkistengrab aus der Bronzezeit ein, das – ähnlich wie das bronzezeitliche Fürstengrab in »Tre'r Ceiri« – gewiss als Heiligtum verehrt wurde.

Bis zum Hochmittelalter veränderte sich sodann nichts mehr in »Carn Fadrun«; im zwölften Jahrhundert aber entstand dort noch einmal ein Wehrbau. Söhne des berühmten nordwalisischen Herrschers Owain Gwynedd (ca. 1100 – 1170) ließen westlich der älteren Festungsanlagen eine viereckige Burgmauer von neunzig Metern Länge und dreißig Metern Breite aus Bruchsteinblöcken errichten. Innerhalb dieser Anlage entstanden Wohn- und Wirtschaftsgebäude – und von der Erbauung dieser jüngsten Festung von »Carn Fadrun« berichtet der walisische Geschichtsschreiber Giraldus Cambrensis (1146 – 1223), der ein Zeitgenosse der Söhne von Owain Gwynedd war.

Heute sind auf dem »Steinhügel der Modrun« nur noch Mauerreste und Massen von niedergestürzten Mauersteinen zu sehen, doch ungeachtet dessen besitzt der Ort eine starke, manchmal freilich dunkle Ausstrahlung, die durchaus auch spiritueller Natur ist. Und wie intensiv anderweltliche Kräfte in »Carn Fadrun« wirken können, erlebte ich am eigenen Leib.

Es geschah im September 2007; ich wanderte auf einem Pfad, der sich zwischen Heidekrautbüscheln dahinzog, zu dem Ruinenareal hinauf. Über der einsamen Landschaft hingen Nebelschwaden; gelegentlich verschleierten sie den Blick auf die Umgebung, aber ungeachtet dessen konnte ich mich gut orientieren. Mehrmals kam ich zu Cairns, die sich am Wegrand erhoben: kleineren Steinhaufen, von denen ich wusste, dass sie vor langer Zeit entweder über dem Grab eines keltischen Toten oder als Erinnerungsmal für einen anderswo gefallenen Krieger aufgerichtet worden waren.

Bei jedem Cairn blieb ich stehen, legte einen weiteren Felsbrocken auf den Steinhaufen und erwies denen, deren Geister mit den Cairns verbunden waren, durch innere Zuwendung Ehre. Insgesamt viermal tat ich dies, ehe ich die Ruinenmauern erreichte – und bevor ich mir das Areal der Festungsanlagen ansah, prägte ich mir, bei einer Betonsäule stehend, die einen geodätischen Messpunkt markiert, genau ein, auf welchem Fußpfad ich heraufgekommen war. Ich handelte so, weil ich das Gelände als unübersichtlich empfand, und um sicher zurück ins Tal zu kommen, merkte ich mir, von der Vermessungssäule ausgehend, verschiedene Wegmarken.

Später jedoch, als ich mich von der Säule aus wieder an den Abstieg machen wollte, konnte ich mich plötzlich nicht mehr orientieren. Obwohl ich mich genau an die Wegzeichen erinnerte, sah ich sie nicht mehr, und auch von dem schmalen Pfad, den ich beim Aufstieg benutzt hatte, war nichts mehr zu erkennen. Ratlos verharrte ich; dann zog zu allem Überfluss auch noch Nebel auf, und ange-

Im Gegensatz zu den einstigen Befestigungsanlagen von »Carn Fadrun«, von denen nicht mehr viel zu sehen ist, haben sich die Cairns am Hang des Festungshügels gut erhalten. Hier einer davon.

sichts dessen befiel mich nun Angst. Ich war ja völlig allein auf dem abgelegenen Hügel, konnte nicht mehr ausmachen, welchen Weg ich nach unten nehmen musste, und dass ein blinder Abstieg abseits des sicheren Pfades sehr gefährlich sein konnte, war mir klar.

Dann aber erinnerte ich mich an die Cairns, bei denen ich die toten Kelten geehrt hatte. Gleich darauf suchte ich erneut die geistige Verbindung mit den Verstorbenen und bat sie um Hilfe. Im nächsten Moment lichteten sich nicht nur die Nebelschwaden, sondern ich erblickte zudem die Wegmarken und gewahrte auch den Fußpfad wieder – und während ich, nachdem ich den Toten gedankt hatte, bergab stieg, geschah noch einmal etwas Magisches: Ein sehr großer Schwarzvogel umkreiste die Hügelkuppe mit den Relikten aus grauer Vergangenheit und verschwand danach jenseits von »Carn Fadrun«.

* * *

Das Dorf Carn Fadrun (Grafschaft Caernarfonshire/Landesteil Gwynedd), das unweit des Sakral- und Festungshügels liegt, ist nicht ganz leicht zu finden.

Am besten startet man in der Stadt Pwllheli (ausgesprochen: Puth-leli) an der Südküste der Lleyn-Halbinsel. Von dort nimmt man die A497 nach Nordwesten bis zum Dorf Efailnewydd (ausgesprochen: Evail-nei-eth). Auf der Kreuzung in der Dorfmitte biegt man links auf die B4415 ab und folgt dieser Straße ein Stück über den Ort Rhyd-y-Clafdy (ausgesprochen: Rhid-a-Klav-di) hinaus, wobei man an vier Ausfahrten nach rechts vorbeifährt. Die fünfte Abfahrt führt dann in Richtung Carn Fadrun, und von ihr aus ist der Zielort ausgeschildert.

Im Dorf Carn Fadrun kann man bei der Ortskapelle parken; dort beginnt auch der Wanderweg zum frei zugänglichen Sakral- und Festungshügel. Er führt zunächst an der östlichen Längsseite der Dorfkapelle entlang und weiter zum Hügelfuß; danach windet sich der Pfad in Serpentinen zur Hügelkuppe empor.

BRYN CELLI DDU

Der Hügel im dunklen Hain und weitere Großsteingräber

Cymru ist reich an Megalith-Gräbern, und drei dieser jahrtausendealten Anlagen wollen wir nun besuchen. Zwei davon befinden sich auf der Insel Anglesey; eine weitere – ein megalithisches Zwilligsmonument – liegt im »Snowdonia Nationalpark«.

Das sehr gut erhaltene Steinkammergrab »Bryn Celli Ddu« versteckt sich ganz im Süden des Eilandes Môn Mam Cymru, und ich fand es zufällig – weil ich mir den Ort mit dem längsten Namen der Welt ansehen wollte: das Anglesey-Dorf Llanfairpwllgwyngyllgogerychwyrndrobwllllantysiliogogogoch. Die Ortschaft erwies sich aber als unspektakulär; daher fuhr ich nach kurzem Aufenthalt ins Blaue hinein weiter. Nahe von Llanfairpwll... stieß ich sodann auf einen Wegweiser zu einem »Ancient Monument« – und so kam ich zum »Hügel im dunklen Hain«, wie die Übersetzung des walisischen »Bryn Celli Ddu« lautet.

Der große Grabhügel, der einst wohl von einem Sakralhain umgeben war, erhebt sich heutzutage frei auf einem Wiesengrundstück. Um den Hügel zieht sich ein Ringgraben, in dem einzelne Steine liegen; an der Nordostseite des Grabhügels öffnet sich ein aus Felsplatten errichtetes Portal, und an der Hügelseite gegenüber steht ein mit Schlangensymbolen und Spiralen bedeckter Menhir von heller Farbe.

Der Innenraum von »Bryn Celli Ddu« ist durch eine enge steinerne Passage zugänglich; wenn man in der aus Megalithen erbauten Grabkammer steht, sieht man einen phallusartigen Menhir mit sehr schöner glatter Oberfläche, der vom Boden bis zur Decke reicht. Dieser Hohe Stein gibt ein Rätsel auf, denn bislang konnte nicht geklärt werden, aus

»Bryn Celli Ddu« – der »Hügel im Dunklen Hain«

welchem Material er besteht – ob er aus Felsgestein geformt wurde, oder ob es sich eventuell um einen bearbeiteten versteinerten Baumstamm handelt.

Besser erforscht ist die Geschichte des »Hügels im dunklen Hain«. Vor sechstausend Jahren ragten an der Stelle des späteren Grabmals lediglich fünf starke Holzpfosten empor; Archäologen haben diese wohl sakrale Pfostensetzung nachgewiesen. Vor fünftausend Jahren dann wurde ein Henge angelegt: ein Ringwall mit innenliegendem Graben, und in dessen Zentrum gab es einen ovalen Steinkreis. Und wiederum tausend Jahre später entstand das Steinkammergrab, über dem sodann ein mächtiger Erdhügel aufgeschüttet wurde; ein Mound, der im Neolithikum sehr viel größer war als heute, wo man nur eine Teilrekonstruktion des ursprünglichen Hügels sieht.

Viele Jahrhunderte lang diente das Grabmal den Menschen der Gegend als letzte irdische Ruhestätte für ihre Toten und damit bestimmt auch als Sakralort. Denn beim oder im Ganggrab konnte man den Geistern der Verstorbenen spirituell begegnen und auch Hilfe für das Leben im Diesseits von ihnen erbitten.

Was den hellen Menhir außerhalb des Mounds betrifft, so handelt es sich bei ihm um eine Replik; das Original, das sich heute im Nationalmuseum von Wales in Cardiff befindet, stand vor fünf Jahrtausenden im Henge und wurde bei der späteren Aufschüttung des Grabhügels vermutlich rituell in dessen Erdreich beigesetzt. Die Schlangenlinien und Spiralen auf dem Hohen Stein sind Wiedergeburtssymbole der paganen Religion – und sehr ähnliche Symbole finden sich auch in der Grabanlage, die wir als nächste aufsuchen wollen.

»Barclodiad y Gawres« liegt an der Südwestküste von Anglesey. Es handelt sich ebenfalls um ein großes prähistorisches Ganggrab, und seinem Namen liegt eine **örtliche S**age zugrunde. Demnach habe vor langer Zeit eine Riesin einen gewaltigen Steinhaufen in ihrer Schürze transportiert; plötzlich sei der Schürzenstoff gerissen, die Steine seien herausgefallen und an Ort und Stelle liegengeblieben – und so sei »Barclodiad y Gawres«, die »Schürzenfüllung der Riesin«, entstanden.

Tatsächlich ähnelte das Ganggrab bis zum Jahr 1952 einem Trümmerfeld, da der Mound, der es einst bedeckt hatte, längst von der Witterung abgetragen worden und der Großsteinbau teilweise eingestürzt war. Doch im Zuge einer Rekonstruktionsmaßnahme, die von 1952 bis 1953 dauerte, wurde das Grabmal in seiner ursprünglichen Form (allerdings mit einer sichernden Betondecke im Inneren) wie-

Die Zugangspassage von »Barclodiad y Gawres«. Im Hintergrund die Gittertür zur eigentlichen Grabkammer.

derhergestellt, und heute wirkt es erneut so eindrucksvoll wie in der Jungsteinzeit.

Schon der Weg nach »Barclodiad y Gawres« ist ein Erlebnis. Oberhalb von grauschwarzen Klippen am Rand einer schmalen, tief ins Land eingeschnittenen Meeresbucht zieht sich der Fußpfad zu einer Anhöhe hoch über der See hinauf. Und an deren Nordhang, von dem aus man auf eine weitere Ozeanbucht hinabblickt, erhebt sich der Erdhügel, welcher die »Schürzenfüllung der Riesin« seit dem Jahr 1953 wieder überdeckt.

Das steinerne Portal der Grabanlage wirkt majestätisch; die Passage ins Grabinnere ist relativ lang, und der Bestattungsbereich des Ganggrabes besteht aus einer Hauptkammer und zwei Nebenkammern. Diese Kammern wurden vor fünftausend Jahren aus Großsteinen erbaut, und auf einem halben Dutzend dieser Megalithen sind, ganz wie auf dem hellen Menhir von »Bryn Celli Ddu«, Schlangenlinien und Spiralen zu erkennen.

Auch die Menschen, für die das Grabheiligtum im Südwesten von Môn Mam Cymru im Neolithikum, in der Bronzezeit und womöglich noch in der vorchristlichen keltischen Epoche ein wichtiger Sakralort war, wussten also um die Reinkarnation – und dasselbe kann man von jenen vorgeschichtlichen Walisern annehmen, auf die das jungsteinzeitliche Zwillingsmonument im »Snowdonia Nationalpark« zurückgeht.

Es handelt sich um zwei imposante Dolmen am Rand des Dorfes Dyffryn Ardudwy, das unweit von Harlech liegt. Die beiden aus Großsteinen errichteten Begräbniskammern sind sechstausend Jahre alt und stehen nahe beieinander inmitten eines recht großen Areals, das mit Steintrümmern übersät ist.

Entweder bildeten diese Steinbrocken einst einen Mound, der die heute freiliegenden Grabkammern überdeckte – oder es sind Gedenksteine, die vor langer Zeit um die Begräbniskammern herum niedergelegt wurden, um die Toten zu ehren. Das Steinfeld wäre dann ein Cairn von ungewöhnlicher Art – und darauf deutet auch die Bezeichnung hin, die bei den Dorfleuten für den uralten Sakralplatz üblich ist: Der Ort wird (sic!) »Cairn« genannt, und dieser Name bezieht die Dolmen mit ein.

Die beiden Dolmen von Dyffryn Ardudwy

»Bryn Celli Ddu«, »Barclodiad y Gawres« und der »Cairn« von Dyffryn Ardudwy sind nur einige der faszinierenden Megalith-Anlagen, die sich auf Anglesey und im »Snowdonia Nationalpark« finden. Es gibt noch etliche weitere Großsteinmonumente – und dazu ein Rat: Im Regelfall freuen sich die Einheimischen, wenn sich Besucher für die Geschichte ihres Landes interessieren, und die Waliser sind dann meist gerne bereit, ihr Wissen um Menhire, Dolmen und Steinkreise mit ihren Gästen zu teilen.

* * *

Um nach »Bryn Celli Ddu« (ausgesprochen: Brin Keth-li Thi) auf der Insel Anglesey (Grafschaft/Landesteil Anglesey) zu gelangen, überquert man zunächst eine der beiden Brücken über die Menai Strait. Auf dem Eiland angelangt, ist man fast schon in Llanfairpwll...Von dort benutzt man die A4080 in südöstlicher Richtung, bis rechts eine Abzweigung nach Llandaniel Fab (Thlan-daniel Vab) kommt, der man folgt. Bald liegt dann links der Straße ein Parkplatz mit Wegweiser nach »Bryn Celli Ddu«.

Um von »Bryn Celli Ddu« nach »Barclodiad y Gawres« (Bar-clodiad a Gaures) zu fahren, benutzt man am besten weiter die A4080 über Newborough und Aberffraw (Aber-frau) und dann noch einige Kilometer über den letztgenannten Ort hinaus. Linker Hand liegt sodann ein größerer Parkplatz bei der schmalen Bucht mit den dunklen Klippen (»Cable Bay«), und von dort aus wandert man einige Hundert Meter auf einem Klippenpfad nach »Barclodiad y Gawres«.

Dyffryn Ardudwy (Duf-ren Ar-didwi) liegt an der nordwestwalisischen Tremadog Bay zwischen Barmouth im Süden und Harlech im Norden und ist von beiden Städten aus über die A496 zu erreichen. Näher am südlichen Ortsrand als im Ortszentrum befindet sich eine Tankstelle; ein kleines Stück weiter nach Süden steht auf der gleichen Straßenseite ein christliches Gemeindezentrum, hinter dem, abseits der Straße, ein Kindergarten mit Spielplatz liegt. Beim Gemeindezentrum kann man gut parken, und etwas nördlich dieses Gebäudes zweigt ein sehr schmaler Fußweg von der Hauptstraße ab, führt am Kinderhort vorbei und mündet dahinter in das Areal mit den Dolmen.

»Bryn Celli Ddu« und der »Cairn« in Dyffryn Ardudwy sind völlig frei zugänglich. Um hingegen das Großsteingrab von »Barclodiad y Gawres« betreten zu können, muss man eine Führung vereinbaren. Näheres hier: cadw.gov.wales/daysout/barclodiad-burial-chamber/?lang=en

LLYN CERRIG BACH

Eine keltische Opferstätte, die 1942 wiederentdeckt wurde

Der See, an dessen Gestade der einst wohl wichtigste keltische Opferplatz auf der Druideninsel Môn Mam Cymru lag, trägt den hübschen Namen »Llyn Cerrig Bach« (»See der kleinen Felsen«) und liegt in der Nähe eines Militärflugplatzes, der dank des britischen Thronfolgerpaares William und Kate weltweit bekannt wurde. Auf diesem Anglesey-Flugplatz nämlich war der Enkel von Queen Elizabeth II. in den Jahren von 2010 bis 2013 als Hubschrauberpilot stationiert, und daher wohnten er und seine junge Frau während ihrer ersten Ehejahre in einem einsam gelegenen Cottage unweit des Militärflugplatzes.

Ich begegnete William und Kate leider nicht, als ich den »See der kleinen Felsen« besuchte; vielmehr zeigte mir ein älteres walisisches Paar, das ich in »Barclodiad y Gawres« kennengelernt hatte, den Weg dorthin. Meine Begleiter kannten auch die Stelle am Seeufer, wo im Zweiten Weltkrieg der oben erwähnte Opferplatz entdeckt worden war, und als wir an dieser heutzutage völlig unspektakulär aussehenden Uferstelle standen, erzählten mir die Waliser, unter welch ungewöhnlichen Umständen man den heidnischen Sakralort gefunden hatte.

Es war im Jahr 1942 geschehen. Damals befand sich der RAF-Flugplatz noch im Bau; um Raum für eine Rollbahn zu schaffen, legte man einen morastigen Uferabschnitt des »Llyn Cerrig Bach« trokken. Zunächst verliefen die Arbeiten unspektakulär – dann aber gab der Sumpf einen außerordentlich wertvollen Hort von spätkeltischen Opfergaben aus den beiden letzten vorchristlichen und dem ersten nachchristlichen Jahrhundert frei.

Es handelte sich um Schwerter, Speerspitzen und andere Waffen; um Streitwagenteile und Pferdegeschirre sowie vermutlich von Römern erbeutete Sklavenketten. Zudem kamen verschiedenartigste Metallgegenstände aus Bronze, Kupfer und Eisen ans Licht; auch Fragmente von szepterartigen Stäben, Teile einer Carnyx, einer Kriegs- und Zeremonialtrompete, und schließlich der sichelmondförmige Brustschmuck eines Druiden oder Königs: ein bronzenes, mit Gold überzogenes und mit Triskelen verziertes Schmuckstück von erlesener Schönheit.

Nach dem zweiten Weltkrieg wurde der Hortfund von »Llyn Cerrig Bach« wissenschaftlich ausgewertet. Es konnte nachgewiesen werden, dass es sich bei den insgesamt 181 geborgenen Gegenständen um Opfergaben handelte, da alle Teile des Hortes nach keltischem Opferritus für den profanen Gebrauch untauglich gemacht worden waren, ehe man sie im Uferbereich des Sees versenkt hatte.

Ferner gelang es den Archäologen, mit Hilfe der aufgefundenen Streitwagenfragmente die Bauweise britannischer Kriegswagen nachzuvollziehen, und ebenso konnte definiert werden, wo die Opfergaben

Der Autor (links) mit einem walisischen Begleiter an der keltischen Opferstelle am Ufer des »Llyn Cerrig Bach«

einst angefertigt worden waren: Meist stammten sie aus dem heutigen Südengland, teilweise aber auch aus Irland oder von der Insel Môn Mam Cymru selbst.

Die jüngsten Funde aus dem Hort von »Llyn Cerrig Bach« datieren aus der Mitte des ersten nachchristlichen Jahrhunderts; ab circa 60 n. d. Z. wurde der Opferplatz nicht mehr genutzt. Und dies ist höchst aufschlussreich, denn genau zu diesem Zeitpunkt drangen römische Legionäre auf die Insel vor und machten sich des Massenmordes an den Druiden von Môn schuldig. Auch die Druidenschulen und die Sakralhaine wurden zerstört – die große Opferstätte am »See der kleinen Felsen« jedoch wurde von den Römern offenbar bei ihrem Vernichtungs- und Plünderungswerk übersehen.

All dies erfuhr ich, als ich mit meinen walisischen Begleitern am See stand; an der Fundstelle des Jahres 1942, wo heute nur noch ein sandiges Uferstück zwischen Büschen zu sehen ist. Während die Waliser ihr Wissen mit mir teilten, kräuselte leichter Wind das Wasser, und wenn ich meinen Blick über die Seeufer wandern ließ, sah ich die niedrigen Felsen, die dem »Llyn Cerrig Bach« seinen Namen gaben: einem kleinen See in stiller und einsamer, leicht hügeliger Landschaft, hinter deren Bescheidenheit sich hohe spirituelle Bedeutung verbirgt.

* * *

Im vorangegangenen Kapitel haben wir »Barclodiad y Gawres« kennengelernt, und dieser Ort ist ein guter Ausgangspunkt, um zum »Llyn Cerrig Bach« (ausgesprochen: Thlin Kerrig Bach) zu fahren; die Entfernung dorthin ist nicht sehr groß. Man benutzt zunächst die A4080 über Llanfaelog und an Pencarnisiog vorbei bis zur Kreuzung mit der A55, welche die Menai-Brücken mit dem Irland-Fährhafen Holyhead verbindet. Auf der A55 fährt man dann Richtung Holyhead weiter. Nach einigen Kilometern nimmt man die Ausfahrt in Richtung Llanfihangel-yn-Nhywyn (National Cycle Route 8), und auf dieser Straße kommt man zum RAF-Flugplatz. An dessen Nordrand entlang fährt man, ohne abzubiegen, noch ein kurzes Stück weiter. Dann sieht man den See zur Rechten, und ein Stichsträßchen, wo es auch Parkplätze gibt, führt zur Opferstätte am Seeufer.

(Hinweis: In meinem Roman »Boadicea. Die letzte Königin der Kelten« spielt der Sakralplatz eine nicht unbedeutende Rolle.)

BEAUMARIS CASTLE

Der Ort, wo das Blut der Druiden die Erde tränkte

»Dann bereitete sich der römische Feldherr Suetonius Paulinus darauf vor, die Insel Mona (Môn) anzugreifen, auf der eine beträchtliche Zahl von Menschen lebte und die als Zufluchtsort für (britannische) Flüchtlinge diente. Wegen der sich oft verlagernden Untiefen der Meerenge (der Menai Strait) ließ er eine Flotte von Booten mit flachen Böden bauen. Damit setzten die Fußsoldaten (nach Môn) über; die berittenen Legionäre, die ihnen folgten, benutzten eine (für Reiter passierbare) Furt oder schwammen an den Seiten ihrer Pferde hinüber.

Am Strand (von Môn) stand das feindliche Aufgebot, eine dichtgedrängte Masse von bewaffneten Männern; dazu Frauen, die zwischen den Kampfreihen der Männer hin und her rannten. In ihren Gewändern von todesbedeutendem Schwarz und mit ihren zerrauften Haaren glichen diese Frauen Furien. Sie schwangen brennende Fackeln, während Druiden, die einen Kreis gebildet hatten, mit zum Himmel erhobenen Händen Verfluchungen ausstießen. Dadurch und aufgrund des unerträglichen Lärms wurden die (römischen) Truppen mit solcher Furcht geschlagen, dass sie sich, als wären ihre Glieder gelähmt, den Verwundungen (durch die Waffen der Kelten) aussetzten, ohne Anstalten zum Vorrücken zu machen.

Doch dann, ermutigt durch ihren Anführer und sich gegenseitig beteuernd, dass sie niemals vor einer Bande von Weibern und Wahnsinnigen zurückweichen würden, griffen sie unter ihren Feldzeichen an, hieben alle nieder, auf die sie trafen, und trieben die Feinde in ihre eigenen Flammen.«

Diese Schilderung des Massakers, das römische Legionäre um das Jahr 60 n. d. Z. unter den Druiden von Môn Mam Cymru anrichteten,

Hier, wo die Burg steht, fand vor zweitausend Jahren das Massaker an den Druiden von Môn statt.

findet sich im Buch »Annalen« des antiken Geschichtsschreibers Tacitus; ich habe den Text wegen des besseren Verständnisses etwas frei übertragen und um die in Klammern gesetzten Einfügungen ergänzt.

Was Tacitus vor beinahe zwei Millennien niederschrieb, wirft ein grelles Licht auf das furchtbare Verbrechen, dessen sich die Römer auf der Druideninsel vor der walisischen Küste schuldig machten. Wir erfahren aber zugleich, wie sich die Großen Wissenden gegen den römischen Angriff zu wehren versuchten: quasi mit psychologischer Kriegsführung. Und der Auftritt der schwarzgekleideten Frauen – Priesterinnen der Schwarzen Göttin, der Todesgöttin – zeigt an, dass die Druiden wohl ungeachtet ihres Willens zum Widerstand mit ihrem Tod rechneten.

So verdanken wir der grausamen Schilderung auch wertvolle Informationen über druidisches Verhalten in höchster Not – und dank der Arbeit von Wissenschaftlern ist zudem bekannt, wo auf der Insel Anglesey die Großen Wissenden und die ihnen zur Seite stehenden Krieger abgeschlachtet wurden.

Am Schauplatz des Massakers an der Südostküste von Môn steht heutzutage »Beaumaris Castle«. Von dieser Burg geht der Blick über

Der Innenhof von Beaumaris Castle. Im Hintergrund ist die Menai Strait zu erkennen. Über diese Meeresenge drangen die Römer auf die Insel Môn vor.

die hier breite, aber seichte Menai Strait zu den nordwestlichen Ausläufern des Snowdonia-Gebirgsmassivs hinüber; an deren Fuß liegt, fast direkt am Meer, das Dorf Abergwyngregyn – und diese Stelle an der Küste war der Ausgangspunkt für den römischen Angriff auf Môn Mam Cymru. Dort ließ Suetonius Paulinus die Boote bauen, mit denen die Fußsoldaten auf die Insel übersetzten, und was die Furt betrifft, von der Tacitus im Zusammenhang mit den berittenen Legionären spricht, so existiert sie in Teilen bis heute, denn bei Abergwyngregyn haben sich Reste eines spätantiken Unterwasserdammes erhalten, der in Richtung Môn führte.

Wenn man am Strand des Ortes Beaumaris mit seiner Burg steht und hinüber nach Abergwyngregyn schaut, kann man sich ausmalen, was hier vor beinahe zweitausend Jahren geschah; kann man zumindest in gewisser Weise nachempfinden, was damals in der Psyche der Druiden und Keltenkrieger vorgegangen sein muss. Und man begreift auch, zu welch abgrundtiefer Bösartigkeit die Römer fähig waren: Durch den Massenmord an den Großen Wissenden und die Zerstörung ihrer Heiligtümer und Schulen vernichteten sie ein hochstehendes Zentrum der inselkeltischen Kultur – und zudem raubten sie den Kelten auch noch eine sehr wichtige Nahrungsquelle. Denn Môn Mam Cymru, das jetzt verwüstet dalag, war bis zur gewaltsamen römischen Okkupation die Kornkammer von Wales gewesen.

Im ersten nachchristlichen Jahrhundert brach also schlimmstes Unheil über die Bewohner von Anglesey und deren Nachbarn auf dem Festland herein, und bis zum Abzug der Römer im frühen fünften Jahrhundert mussten die Britannier unter Fremdherrschaft leben. Erst zur Zeit Merlins und Arthurs gewannen sie ihre Freiheit zurück; es war allerdings eine neuerlich bedrohte Freiheit, weil ihre Insel nun von germanischen Invasoren angegriffen wurde. Verzweifelt verteidigten sich die britannischen Keltenkrieger im Lauf der folgenden Jahrhunderte gegen Sachsen, Angeln, Jüten, Dänen und Norweger; trotz ihrer Tapferkeit verloren sie immer mehr Gebiete ihrer angestammten Heimat, bis sie auf ihre letzten Refugien Cornwall, Cymru und Schottland zurückgedrängt waren. Und dann, Ende des dreizehnten Jahrhunderts, drangen Heere des englischen Königs Edward I. auch dorthin vor – und auf der einstigen Druideninsel Môn Mam Cymru wurde die Zwingburg »Beaumaris Castle« erbaut.

Die Burg war Teil des Festungsgürtels, der um den nordwestwalisischen Landesteil Gwynedd gelegt wurde, doch im Gegensatz zu den drei anderen mächtigen Zwingburgen in Harlech, Caernarfon und Conwy wurde »Beaumaris Castle« nie völlig fertiggestellt. Der Grund war Geldmangel des englischen Monarchen; daher blieb die Burg auf der Insel Anglesey eine nur beinahe vollendete imposante Ruine – was aber einen ganz speziellen Reiz für historisch interessierte Besucher hat.

Die Festung liegt am Rand des gleichnamigen Dorfes und ist vollständig von einem breiten Wassergraben umgeben. Durch einen Zwinger, der sich ebenfalls um die gesamte innere Burganlage zieht, sowie einen starken Torbau gelangt man in die Kernburg. Ihr riesiger, mit Gras bewachsener Innenhof liegt inmitten eines gewaltigen Vierecks aus mächtigen Mauertrakten, die von acht wuchtigen Rundtürmen verstärkt werden; innerhalb der Mauerzüge und Türme verlaufen Wehr- und Verbindungsgänge, und zudem gibt es ein Königsgemach mit Kapelle.

Vom höchsten, unter freiem Himmel liegenden Wehrgang der Festung aus schweift der Blick weit über Land und Meer hinweg; über die einmalig schöne bergige und maritime Landschaft von Nordwales – und die walisischen Drachenbanner, die auf den Burgtürmen wehen, zeigen an, dass Cymru in unserer Zeit wieder den Kelten gehört.

* * *

»Beaumaris Castle« ist von den Menai-Brücken aus leicht zu finden, weil die Route gleich nach Überquerung der Brücken ausgeschildert ist. Man folgt einfach der A545 (Fford Beaumaris), die an der Südostküste von Môn entlangführt, bis zum Burgort, den man bald erreicht. Einen Großparkplatz gibt es in der Nähe der Festung. Der Besuch der Burg ist kostenpflichtig; Näheres hier: cadw.gov.wales/daysout/beaumaris-castle/?lang=en

Das Dorf Abergwyngregyn (ausgesprochen: Aber-gwin-gregin) liegt an der A55 zwischen Bangor und Conwy.

DIN LLIGWY

Ein Dolmen, eine Kirchenruine und ein keltisches Anwesen

Zuerst erblickte ich die Ruine einer kleinen Kirche, die einsam auf Weideland stand, und als ich mich innerhalb der halbverfallenen Kirchenmauern aufhielt, entdeckte ich eine geheimnisvolle unterirdische Kammer. Danach stieß ich, nicht weit von der Kirchenruine entfernt, auf die sehr gut erhaltenen Grundmauern eines spätantiken keltischen Gehöfts. Zuletzt dann, um den Dreiklang aus faszinierender Historie zu vollenden, stand ich vor einem Dolmen mit riesigem Deckstein.

All dies zusammen findet sich an einem Ort namens »Din Lligwy« an der Ostküste von Anglesey. Das hautnahe Erleben von Geschichte kulminiert dort förmlich, und wenn man sich dem Geist der drei historischen Denkmäler von »Din Lligwy« (»Festung von Lligwy«) hingibt, dann taucht man Schritt für Schritt immer tiefer in lange vergangene Zeiten hinab.

Beginnen wir mit der »Hen Gapel Lligwy«, der »Alten Kapelle/Kirche von Lligwy«. Sie geht auf das zwölfte Jahrhundert zurück; ihre groben Feldsteinmauern sind meist noch bis zu den Dachansätzen erhalten, die Dächer selbst jedoch fehlen. Daher steht man unter freiem Himmel, nachdem man das Innere des Sakralbaues durch ein Rundbogenportal betreten hat – und durch dieses Portal schritten im Hochmittelalter wahrscheinlich auch walisische Herrscher, denn Historiker vermuten, dass die Feldsteinkirche mit einer nahegelegenen, aber heute verschwundenen königlichen Hofhaltung in Verbindung stand.

Im sechzehnten Jahrhundert wurde quer an das alte Kirchenschiff eine Kapelle angebaut, unter der eine über eine Steintreppe zu erreichende Gruft liegt. Diese diente einer Landadelsfamilie als Grab-

Die Kirchenruine aus dem zwölften Jahrhundert mit der geheimnisvollen Gruft unter dem Kapellenanbau

stätte – doch sie ist in ihrer Art sehr ungewöhnlich für Nordwales und gibt deshalb ein Rätsel auf.

Normalerweise nämlich besitzen die ländlichen Kirchen des Landes keine Bestattungsgrüfte; die Verstorbenen vergangener Zeiten wurden vielmehr in den Tagen nach ihrem Tod in den Torbauten der Kirchhöfe aufgebahrt und danach in Erdgräbern beigesetzt. Unter der Lligwy-Kapelle hingegen befindet sich die atypische Gruft – und ich habe im Hinblick auf sie einen Verdacht: Dass die Totenkammer eher heidnisch als christlich zu sehen ist – und dass sie den Erdmutterschoß nachbildet; den Schoß der Großen Göttin, welche die Wiedergeburt schenkt.

Die Erbauer der Gruftkapelle waren vielleicht noch heimliche Anhänger der paganen keltischen Religion, was auf der Insel Môn mit ihrer ehrwürdigen druidischen Tradition gar nicht so befremdlich gewesen wäre – und was die Bewohner der »Lligwy Hut Group«, der »Hüttengruppe von Lligwy«, betrifft, so waren diese Menschen zweifellos polytheistische Heiden.

Die »Hut Group« liegt nicht weit von der Kirchenruine entfernt auf der Kuppe einer niedrigen, an ihren Hängen bewaldeten Anhöhe.

Eine fünfeckige Steinmauer mit einem Torbau umschließt ein relativ großes Areal, auf dem die sehr gut erhaltenen Fundamentmauern von zwei großen Rundhäusern sowie einigen rechteckigen Wirtschaftsgebäuden zu sehen sind, und in den runden Wohnhausruinen mit ihrem wuchtigen Mauerwerk sind teils noch steinerne Wandbänke und Türstufen erhalten.

Das exakte Alter der Rundhausruinen konnte bislang nicht bestimmt werden. Die typisch keltischen Gebäude wurden eventuell noch vor der römischen Eroberung Britanniens errichtet; sie können aber auch auf die Jahrhunderte der römischen Besatzungszeit zurückgehen. Fraglos vom Einfluss der Römer geprägt waren dagegen die viereckigen Bauwerke. Bei ihnen handelte es sich um Lager- oder Vorratshäuser – und in einem Fall um eine Schmiede. Sie sicherte den Bewohnern der »Lligwy Hut Group« offenbar gute Profite, denn die Archäologen fanden in den Rundhäusern Scherben von teuren Keramikgegenständen und wertvollen Glasgefäßen; dazu einen Silberbarren sowie Münzen aus dem dritten und vierten Jahrhundert.

Diese Funde definieren auch den Zeitraum, da die Ansiedlung am stärksten prosperierte; es war die spätrömische Kaiserzeit. Später

Eines der keltischen Rundhausfundamente von »Din Lligwy«. Die steinernen Wandbänke sind noch bestens erhalten; ebenso die Türstufen.

Der jungsteinzeitliche Dolmen mit dem gigantischen Deckstein

dann, als die Römer aus Britannien abgezogen waren, wurde der Schmiedebetrieb aufrechterhalten und dazu wohl wie eh und je Landwirtschaft und Fischfang in der nahen See betrieben – doch die Zeiten waren jetzt, in den »Dark Ages«, gefährlicher geworden. Und aus diesem Grund wurde nun die Wehrmauer erbaut; mutmaßlich als Bastion gegen irische Piraten, die Wales im Frühmittelalter häufig angriffen.

Irgendwann schließlich wurde das Schmiedeanwesen aufgegeben; die Gebäude verfielen, und der Platz versank in Dornröschenschlaf. Doch vergessen wurde seine einstige Bedeutung nie; der bis heute lebendige Flurname »Festung von Lligwy« beweist es – und ebenso blieb der Ort, der den lokalen Dreiklang aus faszinierender Historie vollendet, stets im Bewusstsein der Menschen an der Ostküste von Môn präsent.

Der »Lligwy Tomb«, der »Dolmen von Lligwy«, ist nicht weit von der »Hut Group« entfernt. Die Grabkammer aus dem späten Neolithikum liegt auf einer Wiese und fasziniert durch ihren gigantischen Deckstein, der etwa fünfundzwanzig Tonnen wiegt.

Vor gut viertausend Jahren wurde dieser riesige, fünfeinhalb Meter lange, viereinhalb Meter breite und einen Meter dicke Monolith auf acht Tragsteine gesetzt, was eine großartige Leistung der Dolmen-Erbauer darstellte. In der Folge diente der »Lligwy Tomb« als Gemeinschaftsgrabstätte für die Menschen der Gegend, und die Archäologen fanden heraus, dass das Steinkammergrab bis in die Bronzezeit hinein genutzt wurde. Bei einer Ausgrabung im Jahr 1909 wurden in der Grabstätte noch um die dreißig menschliche Skelette gefunden; dazu Tongefäße, in denen sich als Überreste von Grabbeigaben Muschelschalen und Tierknochen befanden.

Ob das Steinkammergrab früher von einem Erdhügel bedeckt war, ist ungewiss; vieles weist aber darauf hin, dass dies nicht der Fall war. Der Dolmen hätte sich dann einstmals, ebenso wie heute, in seiner unverfälschten steinernen Pracht auf der Wiese erhoben – und dies wiederum kann bedeuten: Wenn man sich in unserer Zeit seinem Anblick hingibt, tut man genau dasselbe wie die neolithischen und bronzezeitlichen Menschen.

* * *

Um nach »Din Lligwy« (Aussprache Din Thlig-wi) zu kommen, fährt man von den Menai-Brücken aus zunächst auf der A5025 über Benllech nach Norden bis zur Einmündung der A5025 in die A5108. Beim Kreisverkehr dort nimmt man die zweite Ausfahrt (wo »Din Lligwy« bereits ausgeschildert ist). Die Wegweiser führen einen dann zu einem kleinen Parkplatz links der Straße.

Von ihm aus sieht man, ebenfalls links der Straße, bereits die Kirchenruine. Die »Lligwy Hut Group« erreicht man, wenn man von der Ruine aus ein Stück nach Südwesten über eine Wiese geht. Am Wiesenrand stößt man auf ein Waldstück, und durch diesen Hain führt ein Steig zum Areal mit den Gebäudefundamenten hinauf. Den »Lligwy Tomb« schließlich findet man, wenn man die Autostraße wieder eine kurze Strecke zurück in Richtung Kreisverkehr geht. Man ignoriert dabei einen Seitenweg, der zu einer Farm führt, und kommt gleich darauf zu dem Großsteingrab, das man rechts der Straße nahe einer Baumgruppe erblickt. – Alle drei historischen Plätze sind frei zugänglich.

DINAS BRAN

Die Bergfestung, die den Namen des Sonnengottes trägt

In dramatischer Wildheit ragen die Mauerreste der Burg »Dinas Bran« (»Festung des Bran«) auf dem Gipfel eines Felsberges in zerklüfteter nordostwalisischer Landschaft empor. An nebligen Tagen kann die Burgruine wirken, als würde sie aus der Anderswelt heraus aufscheinen; dann wieder, wenn starker Wind um die Zacken und leeren Bögen ihres zerstörten Mauerwerks faucht, könnte man glauben, tosenden Schlachtenlärm und das Wutgeheul entfesselter Kriegerscharen zu hören.

Benannt ist die Festung nach Bran, dem keltischen Gott, den wir im Kapitel »Twr Branwen« kennengelernt haben. Er, der durch die Nacht, respektive die Anderswelt wandernde Sonnengott, soll laut einer Sage die Burg erbaut haben. Darin steckt durchaus ein wahrer Kern – doch nicht die in christlich-mittelalterlicher Zeit errichtete Festung stand mit Bran in Verbindung; vielmehr eine sehr viel ältere eisenzeitliche Wehranlage, die von heidnischen Kelten errichtet und vermutlich unter den Schutz des dunklen Sonnengottes gestellt wurde.

Diese Bergfestung umfasste ein Areal von eineinhalb Hektar und war von einem Ringwall mit Graben umgeben; der Zugang erfolgte durch einen Torbau im südwestlichen Wallbereich. Im Festungsinneren standen gewiss Gruppen von Rundhäusern, die mit Reet oder Stroh gedeckt waren; anzunehmen ist ferner, dass auch ein Sakralplatz vorhanden war, wo Bran, der wichtigste Gott der Festungsbewohner, verehrt wurde.

Wahrscheinlich im ersten nachchristlichen Jahrhundert, als die Römer Cymru eroberten, wurden die keltischen Familien aus ihrer

Ringwallfestung vertrieben, und mehr als ein Millennium lang siedelte niemand mehr auf dem Felsberg. Dann jedoch, etwa ab dem Jahr 1260, wurde die mittelalterliche Burg erbaut, deren Ruinen bis heute auf der Bergkuppe zu sehen sind.

Bauherr war ein gewisser Gruffydd Maelor ap Madog, ein nordostwalisischer Stammesfürst. Er ließ die neue Festung wohl als Verteidigungsbastion gegen englische Angriffe auf Cymru errichten, aber seine Mittel waren eher bescheiden, und daher entstand eine zwar imposante, jedoch nicht übermäßig starke Wehranlage. Eine Schildmauer hegte ein rechteckiges Burgareal ein; der Zugang zur Festung mit ihren Wohn- und Wirtschaftsgebäuden war durch ein Torhaus gesichert – und außerdem schützte man die Burg an zwei Flanken durch tiefe Gräben mit steilen Wänden, die aus dem Felsgestein des Berggipfels herausgebrochen wurden.

Als ich zu den Ruinen von »Dinas Bran« hinaufstieg, passierte ich diese mächtigen Felsgräben; droben auf dem Burggelände sodann konnte ich meinen Blick weithin in alle Richtungen über die einsame, von steingrauen und mattgrünen Farben gekennzeichnete Landschaft schweifen lassen. Und besonders beeindruckte mich eine schroffe, finster wirkende Felswand, die nahe des Festungsberges emporragt; sie erschien mir wie ein Fanal, das von Unheil und Tod kündete.

Später, nachdem ich lange auf dem Burgplatz umhergewandert war und mich schließlich an einer Ruinenmauer niedergesetzt hatte, rekapitulierte ich, was ich über das Schicksal der mittelalterlichen Festung wusste.

Gruffydd Maelor ap Madog, der Erbauer der Burg, konnte »Dinas Bran« noch an seinen ältesten Sohn Madog ap Gruffydd vererben. Als dies geschah, herrschte Friede; bald darauf jedoch begannen Kämpfe zwischen dem englischen König Edward I. und dem walisischen Landesherrn Llywelyn ap Gruffydd, welcher später bei Cilmeri getötet wurde.

Im Frühjahr 1277 dann marschierten feindliche Truppen vor der Festung von Madog ap Gruffydd auf; wochenlang belagerten sie die Felsenburg der Waliser, und zuletzt wurde Madog und seinen wenigen noch lebenden Kämpfern klar, dass sie »Dinas Bran« nicht länger zu

Die Burgruine von »Dinas Bran« in der weltfernen Landschaft von Nordwales

halten vermochten. Doch statt nun die Waffen zu strecken, setzten der Burgherr und seine Männer die Festung in Brand, so dass den Engländern letztlich nur eine feuergeschwärzte Ruine in die Hände fiel.

Nur für kurze Zeit hatten die Mauern von »Dinas Bran« ritterliches Leben beherbergt – und nach der Feuersbrunst von 1277 wurde die zerstörte Burg sich selbst überlassen. Ihre neuen englischen Herren zeigten kein Interesse daran, sie wieder bewohnbar zu machen, und daher stürzten immer noch mehr Dächer und Mauerteile von »Dinas Bran« ein. Schon im sechzehnten Jahrhundert war die Festung laut dem Geschichtsschreiber John Leland völlig verfallen – im achtzehnten und neunzehnten Jahrhundert aber gewann sie neue Bedeutung, denn in dieser Epoche ließen sich zahlreiche Kunstmaler und Poeten vom wilden und düsteren Anblick der Burgruine inspirieren.

Einen Bezug zur Kunst hat »Dinas Bran« auch heute noch. Am Fuß des Festungsberges liegt nämlich das malerische Städtchen Llangollen, wo alljährlich ein großes Eisteddfod (ausgesprochen: Ei-steth-vod) stattfindet: ein Dichter- und Sängerwettbewerb in alter walisischer Tradition. Massen von Besuchern finden sich aus diesem Anlass in Llangollen ein, und viele von ihnen pilgern dann auch zum Gipfel des Felsberges hinauf, wo die Ruinenmauern von »Dinas Bran« aufragen.

* * *

Ausgangspunkt für einen Besuch von »Dinas Bran« (Grafschaft/Landesteil Denbighshire) ist Llangollen (ausgesprochen: Thlan-goth-len) im Nordosten von Wales. Von Osten, von England her, erreicht man Llangollen – von Chester, Wrexham oder Oswestry kommend – über die A483 und danach die A5.

»Dinas Bran« liegt ein kleines Stück nördlich von Llangollen. Man überquert in der Stadt zunächst die Brücke über den Fluss Dee, biegt gleich nach der Flussbrücke nach rechts auf die »Mill Street« ab, fährt sofort wieder links auf die Straße »Wharf Hill«, biegt gleich wieder links ab und fährt nach einer scharfen Kurve nach links auf die »Dinbren Road«. Dieser kleinen Straße folgt man bis zu einem Caravan-Platz; dort biegt man rechts ab, nimmt die nächste Abzweigung (aber erst nach einer Farmzufahrt) nach links, und so kommt man nahe an den frei zugänglichen Burgberg heran. (Die Route ist etwas kompliziert; im Notfall fragt man einfach Einheimische nach dem Weg.)

NACHWORT

Ohne die Hilfe walisischer und englischer Freunde, die mir viele der vorgestellten Orte zeigten oder mir wertvolle mythologische und historische Informationen gaben, hätte ich dieses Buch nicht schreiben können. Ihnen gilt mein Dank, und stellvertretend für alle möchte ich besonders Sonja Farley, John C. Richards, Sandra und Mick Lynch sowie Gwynant Cwmbowydd, Tom Dawson und Dr. Iwan Rees samt seinen wunderbaren Großeltern Gwen und John Evans nennen.

Im vorliegenden Werk konnte ich natürlich längst nicht alle spirituell und/oder geschichtlich hochinteressanten Schauplätze Britanniens vorstellen, weshalb ich noch einige einschlägige Web-Seiten (alle englischsprachig) empfehlen möchte:

wikipedia.org/wiki/List_of_castles_in_England
wikipedia.org/wiki/List_of_castles_in_Wales
(Auf diesen beiden Seiten sind alle Burgen, Schlösser und Burg- und Schlossruinen in England beziehungsweise Wales aufgelistet. Von jedem Objekt führt ein Link zu umfangreicheren Informationen.)
megalithic.co.uk
(Führt zu megalithischen Stätten in Britannien und Irland. Die Handhabung ist allerdings etwas kompliziert.)
english-heritage.org.uk
(Ein Wegweiser zu vielen historischen Plätzen aller Art in England, nicht in Wales oder Schottland. Entspricht der Cadw-Seite für Wales.)
cadw.gov.wales/daysout/maps-and-itineraries
(Web-Seite der walisischen Denkmalschutzbehörde Cadw.)
nationaltrust.org.uk
(Die Handhabung ist zwar ebenfalls nicht ganz befriedigend – aber man findet hier bei einiger Suche immer wieder interessante Orte in ganz Britannien.)
archwilio.org.uk
(Eine wissenschaftliche Datenbank mit einer Fülle von historischen und archäologischen Informationen über Wales.)

castlewales.com
(Ein ausgezeichneter Führer zu allen walisischen Burgen mit zahlreichen Fotos. Ein englisches Pendant existiert leider nicht.)
waleshistorymap
(Viele Informationen zur Geschichte von Wales; ebenfalls zu empfehlen.)

Und nun, liebe Leser, wünsche ich viel Freude und Erkenntnisgewinn auf den magisch-historischen Pfaden Britanniens.

Herzlich, Manfred Böckl

BILDNACHWEIS

Alle Fotos vom Autor, außer:

Seite 19 Long Man of Wilmington: David Dennis;
24 Old Sarum: jennyt;
27 ruins of Old Sarum cathedral: Claudio Divizia;
31 Stonehenge: Filip Fuxa;
44 Kennet Long Barrow: diane vose;
49 Silbury Hill: Ian Harwood;
55 Maiden Castle aerial: David Jeffrey Morgan;
59 New Forest National Park ponies: Henk Hennuin;
65 Badbury Rings aerial: David Jeffrey Morgan;
69 Cadbury Castle hill fort and the Somerset Levels: Joe Dunckley;
75 Glastonbury Tor: Dave Porter;
84 Tintagel Castle ruins: Paolo Trovo;
86 Tintagel walls: Sewsamblui;
141 Tre'r Ceiri hill fort aerial: Henrykc;
150 Barclodiad y Gawres burial chamber: Andrew Chisholm;
158 Beaumaris Castle: Jeff Dalton;
159 Beaumaris Castle, Menai Straits: Phil Kieran;
169 Castell Dinas Bran, Llangollen: Henrykc;
alle shutterstock.com

Porträt Seite 175: Frank Dussmann

Wappentiere S. 17 und S. 89: Wikimedia Creative Commons

ÜBER DEN AUTOR

Manfred Böckl, geboren 1948, ist ein deutscher Schriftsteller, der bisher etwa 80 Romane und Sachbücher mit einer Gesamtauflage von weit über einer Million publiziert hat; teilweise wurden seine Werke auch in andere Sprachen übersetzt. Im Verlag Neue Erde veröffentlichte Böckl bisher die Titel »Ceridwen – Die Rückkehr der dreifaltigen Göttin der Kelten« und »Die Botschaft der Druiden – Heimkehr ins Heidentum«.

NEUE ERDE im Buchhandel

Neue Erde ist ein kleiner unabhängiger Verlag, und der unabhängige Buchhandel ist unser natürlicher Partner. Wir unterstützen die Initiative »buy local«.

Sollte es Lieferschwierigkeiten bei den Büchern von NEUE ERDE geben, lassen Sie immer im VLB (Verzeichnis lieferbarer Bücher) nachsehen, im Internet unter **www.buchhandel.de**

Alle lieferbaren Titel des Verlags sind für den Buchhandel verfügbar.

Auch mobil können Sie, zum Beispiel mit LChoice, unsere Bücher beim örtlichen Buchhändler kaufen.

Sie finden unsere Bücher auch auf unserer Homepage **www.neue-erde.de** oder in unserem Gesamtverzeichnis, welches Sie gerne hier anfordern können:

NEUE ERDE GmbH
Cecilienstr. 29 · 66111 Saarbrücken
info@neue-erde.de